www.ingramcontent.com/pod-product-compliance
Lightning Source LLC
Chambersburg PA
CBHW070915080526
44589CB00013B/1299
* 9 7 8 1 7 3 5 8 1 6 3 0 2 *

نمایشنامه

سر پل ته رود خانه

عطا ثروتی

نمایشنامه در ۷ پرده

سر پل ته رودخانه

نویسنده: عطا ثروتی
ویراستار: حسین نعمتی
طرح روی جلد: الهه انوری
صفحه‌آرایی: حمیدرضا باباجان‌نژاد
نوبت چاپ: اول / ۱۳۹۹ / ۲۰۲۰
E-Book: ۹-۱-۷۳۵۸۱۶۳-۱-۹۷۸
شابک (Print): ۲-۰-۷۳۵۸۱۶۳-۱-۹۷۸

تمام حق و حقوق قصه به نویسنده متعلق است و هرگونه برداشت از این قصه غیرمجاز و تحت پیگرد قانونی قرار می‌گیرد.

کتاب‌های منتشرشده‌ی عطا ثروتی:

(مجموعه‌ی شعرهای معنوی)
من یک لوتوس هستم

رمان‌ها:

در جستجوی بهشت

تار

در جستجوی عشق

(داستان هوارد باسکرویل)

تراژدی سه‌گانه

عقد قنات

(شامل سه کتاب)

آسیه

گدا لاله

امامزاده

نمایشنامه‌ها:

سر پل ته رودخانه

پنجره

جهت تهیه کتاب‌ها:

۱. سایت www.eeiff.com

۲. انتشارات اینگرام

۳. سایت www.amazon.com

٤. کتابفروشی‌های سراسر دنیا

شخصیت‌ها:

عمو سیف

درویش

حاج قاسم

مشهدی آقا رضا

آقای آزادی

رسول

اصغر خبرچین

میرزا حسین

خاتون حسین

پسربچه

آشیخ میرزا

کربلایی

قدرت

پرده اول

صدای نی به‌آرامی بلند می‌شود. با کنار رفتن پرده و همراه با صدای نی، نور آبی رنگی نمایان و بیشتر می‌شود. نمای دو دکان که بالای یکی نوشته شده قصابی و دیگری عطاری زیر نور کم مهتاب نمایان می‌شود. در قصابی باز است. کنار قصابی، تیرکی از دیوار بیرون آمده و طنابی به آن آویزان است. در انتهای طناب قلابی قرار دارد که عمو سیف قصاب گوسفندهایش را به آن آویزان کرده و پوست می‌کند. روی سکویی که جلوی دکان‌ها قرار دارد، سبدی است که پوست و کله و پاچه‌ی گوسفندی در آن قرار دارد. چند درخت نیز در جلو و اطراف دکان‌ها به چشم می‌خورد. در گوشه‌ی سمت چپ صحنه، تابلوی مدرسه‌ای به نام (دبستان بهار تیدجان) آویزان است. عمو سیف از قصابی خارج شده و طناب را برمی‌دارد و داخل سبد می‌گذارد و دوباره وارد قصابی می‌شود. عمو سیف مرد تنومندی است. او در اوایل شصت سالگی است. تا اندازه‌ای شکسته شده ولی از سر و وضع او مشخص است که جوانمرد و پهلوان‌منش است.

صدای آواز درویش از خارج و از دور شنیده می‌شود و صدا نزدیک شده و بلندتر می‌شود. عمو سیف با شنیدن صدای درویش جلوی در قصابی درحالی‌که چاقویش را تیز می‌کند ظاهر شده و به‌طرف صدا خیره می‌شود. بعد دوباره وارد قصابی می‌شود.

آواز درویش (صدا از بیرون):

هرچه کردم تا که دریابم حقیقت چیست

عشق و مستی و کرامت در کیست

عمر بر باد شد و دل بیمار

عمو سیف از قصابی خارج می‌شود. کلاهش را به سر و چپقش را در دست دارد. کنار در قصابی چمباتمه می‌زند. تمام حواسش به صدای درویش است. درویش با لباس سرتاسر سفید و گشاد و موهای بلند و ریش پرپشت و سفیدش با کیسه‌ای بر دوش از انتهای سالن وارد شده و از بین جمعیت آرام و خرامان درحالی‌که با جمعیت روی سخن دارد، به‌سمت صحنه در حرکت است. درویش از عمو سیف مسن‌تر است...

آواز درویش:

آمدم هوش که ای خسته‌ی زار

در اندرون خود نگر

عشق و مستی و کرامت آنجاست

درویش:

از نقیب و شیخ و هر نکته‌دان اذن دخول

از شجاع و گرد و از گردن‌کشان اذن دخول

از امیر و از خُرد و کلان اذن دخول

باز خواهم از بزرگ این مکان اذن دخول

تا شوم داخل ببینم با جلال و جاه کیست

درویش به سن می‌رسد و وارد سن می‌شود.

درویش: سلام و صلوات بر جمیع مخلوق خدا، روح‌تان شاد و کام‌تان شیرین.

عموسیف: سلام درویش، خوش آمدی، نور و صفا آوردی... بگو درویش و روح‌مان را شاد کن. بگو درویش... حالت چطوره...؟

درویش: درویش در جستجوی طریقت حق است و راه صواب می‌رود و اندر خم آشیانه‌ی مرگ است.

عموسیف: بابا درویش، این قلمبه، سلمبه حرف زدن‌ها که حالی ما نمی‌شه... بابا یه دفعه هم آدمیزادی حرف بزن که مای زبون نفهم هم زبونت رو بفهمیم... بیا درویش یه پکی بزن...

درویش: درویش رعد است و بر جای نمی‌ماند... نفس درویش پاک است و خالی از هرگونه رنگ و ریا... رنگ نمی‌گیرد، مگر رنگ حقیقت و دوستی و پاکی و سلامت نفس...

عمو سیف: درویش تو خسته‌ای، راه زیادی آمدی... بیا بابا... بنشین، بعد بریم خانه یک آبگوشت چربی با هم بخوریم... ما که هیچ کس و کاری نداریم و تنهای تنها هستیم... کسی که نمی‌دانه تا فردا چی می‌شه... بیا بابا... این‌قدرم این‌ور و اون‌ور نرو، پاهات درد می‌گیره‌ها...

درویش: من همیشه ساکنم و قدم به جلو برنمی‌دارم...

عمو سیف: اما...

درویش: من هنوز بچه‌ای هستم که راه نیافتاده و در قنداقش می‌لولد...

عمو سیف: یعنی می‌خوای بگی...

درویش: بچه‌ای که بند قنداقش گره‌ای کور خورده و مام او قادر به گشودن آن نیست، اما بچه فربه می‌شود و بند را می‌گشاید و خود را از هرگونه قید و بندی آزاد می‌کند و راه سعادت می‌پوید...

چند لحظه درویش و عمو در فکر فرو می‌روند، عمو سیف چپقش را آتش می‌کند.

عمو سیف: ما که تو را نمی‌فهمیم درویش، اما خاطرت رو می‌خواهیم... اما درویش تو فکری...

(سکوت)

درویش: فکر این پل هستم... خطرناک شده... خدا نگهدار مرد حق... یاهو... مولا علی یارتان... درویش راه زیادی در پیش داره عمو...

درویش در حال آواز خواندن از صحنه خارج می‌شود. عمو سیف وارد قصابی می‌شود. صدای آواز درویش دورتر و آرام‌تر و بالاخره قطع می‌شود.

درویش:

گفتند مرا زانگه که آمد هوشم

کز عدل الهی می حق می‌نوشم

بنگر به دل خسته‌ی زارم تو دمی

دل در پیری و من هنوز می ناحق نوشم

نور مهتاب کم‌کم از بین می‌رود و نور آفتاب جای آن را می‌گیرد؛ صدای درویش هم دورتر و دورتر شده و بالاخره می‌افتد. حاج قاسم از گوشه‌ی مخالف جایی که درویش خارج شده بود درحالی‌که بقچه‌ی حمامی زیر بغل دارد وارد می‌شود. حاج قاسم هم سن و سال عمو سیف است و مرد بلند قدی است با ریش پرپشت و کت بلندی تا روی زانو؛ با پیراهن بدون یقه و گیوه‌هایی سفید. حاج قاسم که مرد ثروتمندی است و انتظار احترام از همه را دارد، چند سرفه می‌کند که ورودش را به عمو سیف خبر داده باشد ولی وقتی از عمو سیف خبری نمی‌شود، ناخرسند صدایش بلند می‌شود.

حاجی قاسم: عمو سیف...؟ سیف...؟

عمو سیف: (از داخل قصابی) بله حاجی (در آستانه‌ی در)

سلام حاجی... صبح شما بخیر...

حاج قاسم: علیک السلام، عاقبت بخیر... کُشتی یا نه...؟

عمو سیف: بله حاجی... دگور خوبی هم بید... چاق و چله بید... این گوشت‌ها اینجا خیلی کم پیدا می‌شه...

حاج قاسم: پس یک گوشت آبگوشتی خوبی بده ببینم... چربیش هم بیشتر بگیر... خسیس نباش...

عمو سیف: **(از داخل قصابی)** چقدر باشه حاجی...؟

حاج قاسم: یه چوب قطع، آخه کربلایی محمد خودش رو دعوت کرده شب بیاد شب‌نشینی... چربیش رو یادت نره... زیاد بگیر...

عمو سیف: باشه حاجی... راستی نگفتی صبح به این زیدی کجا بیدی...؟ نکنه آبیاری داشتی...؟

حاج قاسم: **(روی سکوی کنار دیوار می‌نشیند)** نه بابا... ما را به آبیاری چه...؟ از ما دیگه گذشته... پشت ما دیگه خم شده... این کارها مال جوان‌هاست... حموم بیدم...

عمو سیف: تو که دیروز حموم بیدی حاجی...؟ نکنه زن‌ها سر پیری کار دستت داده باشند...؟

حاج قاسم: خجالت بکش مرد... گوشتت رو بکش...

عمو سیف بعد از چند لحظه از قصابی خارج می‌شود.

عمو سیف: سر پیری و به چلچلی افتادن... بیا حاجی... اما می‌گم حاجی اگه گوشت‌ها رو برا خاتون

می‌بری، خب یه چوقط (**چوب خط**) جداگانه براش درست کن و بذار اینجا باشه... حاجی ما که با هم نداریم... دهن ما که چفت چفته... در ثانی فیل ما هم یه وقتایی هوای هندستون کرده بید... حاجی ما هم از دیوار بعضی‌ها بالا رفتیم... اما بعد فکر آبرومون رو کردیم...

حاج قاسم: خجالت بکش مرد... لااله الا الله... من حموم بیدم... چوقط نیاوردم... خاطرت باشه دفعه‌ی دیگه ور کن...

عمو سیف: باشه حاجی... پس یه اله امروز با یه اله دیگه میشه یه چوقط...

صدای سرفه‌ی مشهدی آقا رضا از بیرون بلند می‌شود.

حاج قاسم: خب هر کاری که می‌خوای بکن... مشهدی آقا رضا داره میاد... یک دفعه چرت و پرتی از دهن نجه بیرون... لب تر کنی دنیا باخبر میشه... آره فردا میارم ورکن...

عمو سیف: (**با لبخند**) ما دهنمون چفت داره حاجی... اما حاجی یادت باشه که خاتون شاعره... مواظب باش یه دفعه یه شعری برات نگه و آبروت رو ببره...

مشهدی آقا رضا از سمت چپ وارد می‌شود. نزدیک شصت سال سن و قدی متوسط دارد، چشمانی درشت و همیشه یک کلاه پهلوی به سر

دارد و عادت دارد همیشه یک دستش را جلوی شلوارش فرو کند.

مشهدی آقا رضا: سلام حاجی، حالت چطوره...؟

حاج قاسم: سلام علیکم، کیفت کوکه...؟

مشهدی آقا رضا: بد نیستم... مثل اینکه حموم بیدی...؟

حاج قاسم: آره... آب خزینه رو تازه عوض کردن... رفتیم سر وگوشی آب دادیم... راستی مشهدی... شنیدم دیروز اینجا دوباره دعوا بیده...؟

عمو سیف: اینجا که هر روز جر وبحثه حاجی... اینکه تازگی نداره... اینجا هر روز دعواست... کار یه روز و دو روزکه نیست...

مشهدی آقا رضا: بر شیطون لعنت... به جای سلام، طرفداری شمرو می‌کنه...؟ اصلا حاجی، کاسب جماعت جنسشون خرابه... هیچ کاریش هم نمی‌شه کرد... نمی‌ذاره اول صبحی آدم حواسش با خودش باشه... آره حاجی... مثلی هست که می‌گن یارو رو توی ده راهش نمی‌دادن، سراغ خونه‌ی کدخدا رو می‌گرفت... حالا حکایت ماست... این پدرسوخته، آقای آزادی رو ما می‌زدیم تو سر خودشو باباش و از پله‌ها پرتشون می‌کردیم پایین و باز برمی‌گشتند بالا و می‌گفتند فقط یه نون بده... حالا حکایت به جایی رسیده که میاد و به من امر و نهی می‌کنه... دستور می‌ده که چرا نشستی ورق بازی می‌کنی...؟ بلند شو این پل رو درست کن... این گدا گشنه انقدر جرأت پیدا کرده که احمد نوه‌مو تو مدرسه

ترکه کف دستش زده... اینا همش تقصیر توست حاجی...؟ امروز که نوه‌ی من رو ترکه بزنه... فردا می‌شه نوبت نوه‌ی تو... فلکشون می‌کنه...

حاج قاسم: خب مشهدی حتمی درسش رو بلد نبیده که زدتش...

مشهدی آقا رضا: غلط کرده درس بلد نبیده... در ثانی، بلدم نباشه، آیا اون باید اون‌قدر به خودش بگیره که نوه‌ی منو بزنه...؟ خب حاجی جون شاید ناقص می‌شد... این‌طور که تو می‌گی نیست... این گدازاده عیصارش دراز شده... خودش رو گم کرده... در ثانی حاجی، من خوب می‌دونم که به خاطر درس نیست... می‌خواد بگه که حالا آدم شده و دیگه نوکر نیست... از روی لجبازیه حاجی... پدرش رو درمیارم...

عمو سیف: مشهدی آقا رضا، این بیچاره که حرفی نزد... گفت این پل داره خراب می‌شه، بلند شید همت کنید و درستش کنید... خب مگه بد می‌گه...؟ خب کفر که نمی‌گه... راستم می‌گه... از اون گذشته تو هی به اون طعنه می‌زنی و ریش‌خندش می‌کنی... خب دیوار هم که باشه صداش در میاد... در ثانی حالا اگر یه وقت نوکر بیده که بیده... حالا که نیست... آخه هر چی باشه حاجی، مشهدی، اون سواد داره... مدرسه رفته... بیشتر از ما می‌فهمه... اون معلمه و احترامش واجبه... باید برای ما آقایی کنه... بد می‌گم حاجی...؟

مشهدی آقا رضا: خبه خبه... تو دیگه کاسه‌ی داغ‌تر از آش نشو عمو... من نمی‌فهمم اصلاً به اون چه که پل داره خراب می‌شه...؟ آخه اینجا که بی‌صاحاب نیست... بزرگتر داره... می‌دونی اصلاً شما قلعه‌ایها از اول عمرتون هم برای این ده مایه‌ی شر بودین... از اون‌طرف لرها رو آوردین از این‌طرف هم دخترهاتون فرار کردن... هر وقت هم مردم این آبادی اومدن کاری بکنن، شما خراب کردید و باز هم ول نمی‌کنید...

حاج قاسم: مشهدی تو مثل اون کبکه می‌مونی که سرش رو کرده بید زیر برف و عقبش رو بالا داده و خیال می‌کرد کسی نمی‌بیندش... مرد حسابی چرا گنده کاری خودتون، ته رودخونه‌ایها رو نمی‌بینید که عالم رو گرفته...؟ آخه حاجی مرد می‌خواد تفنگ رو دوشش بندازه...

مشهدی آقا رضا: بره بره... اون‌قدر هم پز قلعه رو نده... شما قلعه‌ایها رو اگه زنتونم از بغلتون بکشن بیرون، جرأت حرف زدن ندارید... فقط بلدین بپرین به همدیگه...

حاج قاسم: آخه مرد حسابی حالا خوبه که هرچی خان و خان‌زاده‌ست، مال قلعه‌ست... اون‌هایی که برو برو و بیا بیا دارن تو قلعه می‌نشینن... اون‌وقت قلعه‌ای‌ها جرأت حرف زدن ندارن و شما کین ترسوها جرأت‌دار شدید...؟ بره بره... هم بالاتون رو دیدیم، هم پائینتون رو...

مشهدی آقا رضا: (با پوزخند) دزدی کردن و مال مردم خوردن که کاری نداره...؟ ما هم اگر این کارا رو بکنیم برو و بیا پیدا می‌کنیم...

عمو سیف: همه یه تحفه‌ای هستیم... هر چی باشه همه مردم این دهیم... قلعه‌ای و رباطی و چال حمومی و در روباتی و سیلواتی و تروخونه‌ای... همه مال این خراب شده هستیم... به خدا قسم بدبختی ما زیر سر خودمونه... بیا... مثلاً ما ریش‌سفیدهای این ده هستیم... اگه یه غریبه از اینجا رد بشه چی می‌گه...؟ دیگه آبرو برامون نمی‌مونه؟

مشهدی آقا رضا: اصلاً آبرو داریم که بمونه یا نمونه...؟

حاج قاسم: ما رو ببین که خودمون رو معطل کیا کردیم... ظهر شد... بریم یه سری به باغا بزنیم...

حاج قاسم خارج می‌شود. برای چند لحظه عمو و مشهدی در فکر فرو می‌روند. مشهدی یک دست ورق از جیب در می‌آورد و شروع به بر زدن می‌کند. چند بار هم به عمو سیف اشاره می‌کند که بازی کند.

عمو سیف: دیگه ورق بازی از ما گذشته مشهدی، فکر آخرت باش... یکی دیگه رو پیدا کن...

آقای آزادی از در مدرسه خارج می‌شود و به‌طرف نهر می‌رود. سنش کمی از سی سال گذشته است. کمی ژولیده است و کت و شلوار مندرس ولی تمیزی پوشیده و کراواتی با گره‌ای ریز زده است.

آقای آزادی معلم مدرسه‌ی بهار و اهل ده است. با ورود او مشهدی آقا رضا پشتش را به او می‌کند.

آقای آزادی: سلام علیکم...

عمو سیف: سلام... چه جوری آقای آزادی..؟ خسته نباشی...

آقای آزادی: بد نیستم... می‌سازیم عمو...

عمو سیف: باید بسازید... آدم ناچاره با زندگی بسازه...

مشهدی آقا رضا: پدرسوخته‌ها خودشون رو گم کردن... یادشون رفته تو طویله می‌خوابیدن... ازآدم سلام می‌خوان...

عمو سیف: لا الاه لالا... استخفرله و ربل عالمین...

رسول وارد می‌شود. جثه‌ای کمی کوچکتر از آقای آزادی دارد. هم‌سن آقای آزادی است. کت و شلوار قهوه‌ای رنگی هم بر تن دارد. او معلم دیگر مدرسه‌ی بهار است. رسول اهل ده نیست، غریبه است.

رسول: سلام علیکم...

مشهدی آقا رضا جلوی پای رسول بلند شده و با گرمی از او استقبال می‌کند. آزادی زیر چشمی مواظب آن‌هاست.

مشهدی آقا رضا: علیک السلام رسول خان... اصلاً سلام از ماست... آقا شما چشم امید ما هستید... برای بچه‌هامون زحمت می‌کشید... اصل و نسب دارید...

عمو سیف: شما دوتا معلما هر کاری بکنین جاتون وسط

بهشته...

آقای آزادی خندان به‌طرف آن‌ها می‌آید.

آقای آزادی: (در مقام طعنه) یادم رفت دست بدم...

دستش را دراز می‌کند ولی فقط رسول با او دست می‌دهد و مشهدی آقا رضا به او پشت می‌کند.

مشهدی آقا رضا: (با ناراحتی و طعنه) بعضی‌ها می‌خوان اصل و نسبشون رو نشون بدن... بابا ما گدازاده‌های خودمون رو که یادمون نرفته... می‌شناسیمشون...

رسول: (پا در میانی می‌کند) آقای آزادی کمی شوخه مشهدی... اون خیلی زحمت می‌کشه... اصلاً ما مهمونیم... دیر می‌شه... باید بریم... (آزادی را هل می‌دهد) داره دیر می‌شه... بریم...

مشهدی آقا رضا درحالی‌که رسول آقای آزادی را هل می‌دهد و وارد مدرسه می‌شوند، به‌طرف آن‌ها داد می‌زند...

مشهدی آقا رضا: خب زحمت بکشه... مگه برای من می‌کشه...؟ برای خودش می‌کشه که دوباره مثل باباش به گدایی نیافته... گدا به گدا، رحمت به خدا...

عمو سیف: آخه مرد حسابی تو چرا با این بیچاره این‌جوری می‌کنی...؟ این بیچاره که داره مثل خر برای بچه‌های ما زحمت می‌کشه که مثل من و تو کور راه نباشن... این مزدشه که می‌دی...؟

مشهدی آقا رضا: بسه بسه... تو دیگه درت رو بذار... زحمت می‌کشه... همه‌ی این‌ها تقصیر اون پدرسوخته

آزادیه که شما همولایتی‌ها دوستی و رفاقت یادتون رفته... بزرگ و کوچیکی رو یه لقمه کردید و قورت دادید...

عمو سیف: اگه هم ولایتی و دوستی و رفاقت هم بود، مال قدیم بود مشهدی... دیگه سگ هم صاحب خودش رو نمی‌شناسه...

عمو سیف وارد قصابی می‌شود. بعد از کمی سکوت مشهدی آقا رضا اطراف و دور دست را نگاه می‌کند و ورق‌ها را دوباره از جیبش بیرون می‌آورد و کمی بُر می‌زند و چند نفری را برای بازی صدا می‌کند.

مشهدی آقا رضا: (فریاد می‌زند) آهای میرزا حسین... میرزا حسین... هی...

میرزا حسین: (از بیرون) بله مشهدی با منی....؟

مشهدی آقا رضا: پسر بیکاری بیا یه دست بزنیم...

میرزا حسین: (از بیرون) مشهدی مگس‌ها بره می‌ده - نمی‌تونم تکون بخورم - ...

مشهدی آقا رضا بدین ترتیب چند نفر دیگر را صدا می‌کند؛ اما کسی قبول نمی‌کند و خود او شروع به بازی می‌کند.

پایان پرده اول

پرده دوم

نوری مهتابی صحنه را روشن کرده است. صدای آرام رودخانه شنیده می‌شود. آقای آزادی عصبی، ناراحت، خسته و آشفته‌حال از مدرسه خارج می‌شود. اطراف را جستجو می‌کند. پرنده پر نمی‌زند. طنابی را از جیب خود خارج می‌کند و به چوبی که از دیوار دکان قصابی بیرون آمده و عمو سیف لاشه‌ی گوسفندان را به آن آویزان می‌کند که پوست آن‌ها را بعد از کشتن، بکند؛ می‌بندد و امتحانش می‌کند. قصد خودکشی دارد. اما هر وقت که می‌خواهد طناب را به دور گردنش بیاندازد و خودکشی کند صدایی او را از این کار باز می‌دارد. (انتخاب صدا آزاد است، می‌تواند صدای حیوانات باشد یا صدای آواز) آقای آزادی قدرت خودکشی ندارد و همین امر او را بیشتر عصبی می‌کند. جلوی صحنه رفته و به پل خیره می‌شود. چنان غرق در فکر است که انگار متوجه رسول که آفتابه به دست از مدرسه خارج شده و لب رودخانه رفته را نمی‌بیند. رسول، آقای آزادی را زیر نظر می‌گیرد. آقای آزادی تماشاچی‌ها را به درخت‌هایی که کنار رودخانه هستند تشبیه می‌کند و با یک یک آن‌ها وارد صحبت می‌شود.

آقای آزادی: چه عجب! آن‌ها اینجا نیستن... تو چرا خشک شدی...؟ تو که هنوز جوون بودی... بعضی از شماها رو من و بابام کاشتیم... تو... تو جوونی و داری می‌میری... اما تو دیگه پیر شدی، پس چرا نمی‌میری...؟ تو بیچاره و رنجور موندی... تو رو هم که انگار کشتن... اما شماها غصه نخورید... ما آدم‌ها هم همین‌طوری هستیم... بعضی‌ها اون‌قدر پیر میشن که بهشون می گن خر پیره...

رسول: بعضی هم توی جوونی می‌میرن... اون‌وقت رو گورشون شعر می‌نویسن و براشون غصه می‌خورن که ناکام مردن... ببینم ناشتایی خوردی یا نه...؟

آقای آزادی: یکی هم پیدا می‌شه مثل تو... یه بی‌خیال که کارش فقط خوردن و خوابیدنه...؟

رسول: آدم با شکم سیر راحت‌تر می‌میره...

آقای آزادی: پس چرا همه گشنه دارن می‌میرن...؟

رسول: بخاطر اینکه نمی‌فهمن...

آقای آزادی: یعنی همه‌ی این‌ها نفهمن...؟

رسول: نمی‌دونم.

آقای آزادی: پس کی می‌دونه...؟

(مکث)

رسول: آقای آزادی... دردت رو می‌فهمم... اما اونا یه عمره که به این وضع عادت کردن... دیگه نمی‌شه عوضشون کرد...

آقای آزادی: باید عوض بشن... باید مجبورشون کرد...

رسول: رفیقم... آخه چه کار داری که بفهمن یا نفهمن... شایدم اگه بفهمن بیشتر زجر بکشن... ما چه می‌دونیم... گور پدرشون... هر چی می‌خواد بشه، بشه... شاید بخوان نفهم بمیرن... اصلاً قابلیت آدم نفهم اینه که خرشون کنی و استفادت رو ببری... به من و تو چه...؟ تو هم مثل من خرشون کن و استفادت رو ببر...

آقای آزادی: تو می‌تونی مردم رو خر کنی...؟

رسول: **(می‌خندد)** خب آره... چرا نتونم...؟ خب وقتی نادان و خرن، آدم چه اصراری داره بخواد ثابت کنه که نیستن...

آقای آزادی: اما خودت رو چی...؟ می‌تونی خودت رو خر کنی...؟ پدر و مادرت رو چی...؟ فامیلات...؟ برادر و خواهرت رو چی...؟ می‌تونی خر کنی...؟

رسول: نه... اما...

آقای آزادی: اما چی...؟

رسول: آقای آزادی... دوست عزیز... اون‌ها تو رو قبول ندارند... می‌بینی که تا می‌بینن‌ت مثل اینکه عزرائیل رو دیدن... ازت فرار می‌کنن... تو حکم مرگ رو برای اون‌ها داری... اون‌ها غریبه و خودی نمی‌شناسن... فقط کسی رو می‌خوان که هم‌رنگشون بشه... به به و چه چه‌شون رو بگه... همین و همین...

آقای آزادی:	من هم اول برای همین می‌خواستم سرم توی کار خودم باشه... مثل تو همه رو خر کنم و استفادم رو ببرم... اما نتونستم... ببین... تو یه غریبه‌ای و بالاخره از اینجا میری... همون‌طور که همه‌ی غریبه‌ها آخر سر می‌رن... ده تو هم یه جای دیگه‌ست... تو اینجا یه رهگذری رسول... برات فرق نمی‌کنه اینجا خراب باشه یا آباد... اما من اینجا بزرگ شدم... دلم می‌خواد اینجا آباد بشه... چون اینجا خونه‌ی منه... می‌خوام اینجا بمونم و زندگی کنم و اینجا خاک بشم... اما تو می‌ری... مثل همه‌ی غریبه‌ها که بالاخره رفتنی‌ان...
رسول:	ببین آقای آزادی... مردم این‌طور که تو حرف می‌زنی، اصلاً حرفت رو نمی‌فهمن... حتی گاهی اوقات من هم نمی‌فهمم تو چی می‌گی... تو شعار میدی... مردم هم معنی شعار رو نمی‌فهمن... باید عمل کرد...
آقای آزادی:	چیزی رو که مردم باید بخوان و دنبالش باشن، درک حقیقته... مثل این پل، که داره خراب میشه و باید درست بشه.... باید به اون‌ها بفهمونم که این حقیقته...
رسول:	اما حقیقت دیدنی نیست و اون‌ها هم قبول نمی‌کنن... همون‌طور که تو رو قبول نمی‌کنن... بابا، تو راه خودت رو برو...
آقای آزادی:	نمی‌تونم...
رسول:	چرا...؟

| آقای آزادی: | راه من لغزنده‌ست... نگاه کن... پل داره خراب می‌شه... شاید یه روزی از روی اون پل سقوط کنم توی رودخونه و آب ببرتم و غرق بشم... من که به تنهایی نمی‌تونم درستش کنم... من به کمک اون‌ها احتیاج دارم و اون‌ها هم باید کمکم کنن...

| رسول: | پس تو داری زور خودت رو می‌زنی و دلت به حال اون‌ها نسوخته...؟

| آقای آزادی: | همه زور خودشون رو می‌زنن... من به اون‌ها احتیاج دارم، همون‌طور که اون‌ها به کمک من احتیاج دارن... اما تو... تو یه آدم ترسویی... آره... تو می‌ترسی... خیلی هم می‌ترسی... تو از روبرو شدن با حقیقت و اون‌ها وحشت داری... اگه نمی‌ترسی و وحشت نداری، چرا شروع نمی‌کنی...؟ (سکوت) تو یه معلمی... باید به من کمک کنی تا اون‌ها رو آگاه کنیم...

| رسول: | من...؟

| آقای آزادی: | آره تو... تو هم باید مثل من بشی و از اون‌ها بخوای که آدم بشن... مهم هم نیست که بد و خوب اون‌ها رو بخوای یا نخوای... تو رو قبول دارن و بهت گوش می‌کنن... چون تو یه غریبه‌ای... از وضع زندگیت هم هیچ اطلاعی ندارن... مهم‌تر از همه این که نه پدر و مادرت رو می‌شناسن و نه فک و فامیلت رو... این خودش خیلیه...

| رسول: | پس اگه همه‌ی مردم برای دیگرون ناشناس باشن، اون موقع همه به هم احترام می‌ذارن...؟ این

بهتره... **(می‌خندد)** این مسخره‌ست... خیلی هم مسخره... **(می‌خندد)**

آقای آزادی: چی مسخره ست...؟ **(سکوت)**

رسول: این مسخره نیست...؟ تو، هم سوادت بیشتر از منه و هم عقل و فهمت... این رو خود من هم قبول دارم... هر چی هم می‌گی بخاطر خوبی اون‌ها می‌گی... اون‌وقت با اینکه من یه غریبه هستم... همه‌ی ده به من احترام می‌ذارن و حرف تو رو قبول ندارن... اونا دوستشون رو دشمن می‌بینن و لابد دشمناشون رو هم دوست می‌دونن... چه دنیای غریبیه... غریب و مسخره... خیلی مسخره... **(می‌خندد)**

عمو سیف وارد شده و در حالی‌که حواسش به آن دو است، قصابی را باز می‌کند و وارد آن می‌شود. گاه‌گاهی هم جلوی در قصابی ظاهر شده و آن دو را نگاه می‌کند. آقای آزادی و رسول متوجه ورود او نمی‌شوند. با ورود او نور رفته رفته زیاد می‌شود.

آقای آزادی: تو هم مسخره‌ای... همون‌طور که من مسخره‌ام...

رسول: اون‌ها اشتباه می‌کنن... اون‌ها نمی‌فهمن دارن چه کار می‌کنن...

آقای آزادی: **(با تأنی)** تو هم اشتباه می‌کنی... همان‌طور که من اشتباه می‌کنم...

رسول: **(با فریاد)** همه اشتباه می‌کنن...

آقای آزادی: آره... همه اشتباه می‌کنن... اما مهم اینه که کی،

چـه اشـتباهی می‌کنـه...؟

عمو سیف: بزرگترین اشتباه آدم زن گرفتنشه...

آن‌دو تـاز متوجه عمـو سیف مـی شـوند کـه چاقـو بـه دسـت میـان در قصابـی ایسـتاده و بیـن حـرف آن‌هـا پریـده بـود.

آقای آزادی: ایـن قانـون شـامل زن گرفتـن نمی‌شـه... زن گرفتـن یـه امـر طبیعـی و واجبـه...

عمو سیف: بـه سـردردش نمـی‌ارزه... بچه‌هـات عیـن بزغالـه پشـتت بـع بـع می‌کنـن... زنـت مثـل کنـه بهـت می‌چسبه... فامیـلاش... فامیـلای زنـت رو می‌گـم... اون‌هـا رو چـه کار می‌کنـی...؟ کاروانسـرا بـرات راه می‌انـدازن... بعدشـم می‌میـرن و فقـط غـم و غصـه بـرات باقـی می‌مونـه...

رسول: عمو تو اصلاً برا چی زن گرفتی...؟

عمو سیف: مـن...؟ مـن فقـط بـرا شـب‌های جمعـه... آخـه بابـای خـدا بیامـرزم می‌گفـت: جـوون از سیزده سـال بـه بـالا اگـه تنهـا بخوابـه، دعایـی می‌شـه... منـم بـرای همیـن زن گرفتـم... اصـلاً زن فقـط قلقلـک دادنـش صـرف داره و دیگـه هیچـی...

رسول: قلقلک آدم رو خنده میاره...؟

آقای آزادی: تـوی خنـده، آدم همـه چیـز رو فرامـوش می‌کنـه... موقعـی کـه می‌خنـده بـه هیـچ چیـز فکـر نمی‌کنـه...

عمو سیف: اصـلاً همـه چیـز ایـن روزهـا تقلبـی شـده... تیتیـن... چپـق... گوشـت... آدمـا... همـه و همـه چیـز...

خصوصاً خندیدن...

عمو سیف وارد قصابی می‌شود.

رسول: اما من پیشنهاد می‌کنم که باید همیشه خندید... چون با خنده آدم دنیا رو فراموش می‌کنه...

آقای آزادی: شاید درست باشه... اما خنده‌ی زیادی... اون چی...؟

رسول: چی، چی...؟

آقای آزادی: خنده‌ی زیادی مرض میاره...

رسول: هر چیز زیادی مرض میاره...

عمو سیف: **(از مغازه خارج شده)** اما چربی زیادی پی میاره...

رسول: اما عمو پی زیادی مرض میاره...

آقای آزادی: پس باید چه کار کرد...؟ همین‌طور باید دست رو دست بگذاریم تا همه مریض بشیم و بمیریم...؟

رسول: فقط باید خندید...

عمو سیف: **(با اشاره به پل)** آی عمو... آهای عمو... عمو پل خرابه... این سنگ آسیاب به این سنگینی را که نمی‌شه از روی پل رد کنی. باید از توی رودخانه ردش کنی وگرنه پل خراب میشه و خودتون و سنگتون می‌افتید تو رودخانه و غرق می‌شید.

آقای آزادی: **(با عصبانیت)** پس پل چی می‌شه...؟ ما اول باید تکلیف پل رو مشخص کنیم... اگر سنگ آسیاب و رد نکنند آسیب می خوابه... مردم آرد نخوهند

داشت که نان درست کنند ...

رسول: فکر می کنی کدوم مهمتر باشد؟ خندیدن یا درست کردن پل؟

عمو سیف: هیچکدام... مهم شکم آدمی است که باید از گوشت پر بشه، راستی شما معلم‌ها گوشت نمی خوریـد؟

آقای آزادی: همه نسبت به وسعشون یه چیز می‌خورن... یکی نون می‌خوره... یکی هم یه چیز دیگه... مثل گرسنگی...

رسول: والله **(ادیبانه شوخی می کند)** ما چیزهای بزرگ بزرگ می‌خوریم...

عمو سیف: مثلاً گاو یا شتر... دیگه گوسفند به مزاجتون سازگار نیست...؟

رسول: **(شوخی می کند)** چیزهای بزرگ رو باید بزرگون بخورن و چیزهای کوچک رو کوچک‌ها... این یه قانونه... قانون طبیعته و هیچ کاریش هم نمی‌شه کرد...

آقای آزادی: چرا چرت حرف می‌زنید... مسائلِ مهم‌تری است که باید اول به آن‌ها رسید... مثلاً این پل... فکر کنید اگر این پل خراب بشه، رابطه‌ی بین اون‌طرف و این‌طرف قطع می‌شه... مردم آن‌طرف چه جوری بیان این‌طرف که برن حموم و مدرسه و تعزیه... مردم این‌طرف هم چه جوری برن اون‌طرف که برن آسیاب و درمانگاه و مسجد... وقتی این پل

	تنها رابطه‌ی این‌طرف به اون‌طرفه... همه‌ی مردم ده نابود می‌شن...
عمو سیف:	گوسفندها و گاوها... اونا چی...؟ اون‌ها هم از بین میرن... پس اون‌وقت گوشت از کجا بیاریم و بفروشیم...

عمو سیف در حال کار کردن به قصابی داخل و از آن خارج می‌شود. اصولاً عمو سیف هر وقت کنار دیوار می‌نشیند، چپق می‌کشد ولی بقیه‌ی مردم ده مرتباً سیگار دود می‌کنند.

رسول:	بگو به کی گوشت بفروشیم...
عمو سیف:	(با خنده) آن‌وقت به مرده‌ها گوشت می‌فروشیم...
آقای آزادی:	(با تأسف) به همین مرده‌هایی که الان هم داری می‌فروشی... (با فریاد) به همین مردم ده... این‌ها الان هم مرده‌اند...
عمو سیف:	(کمی ناراحت) آقای آزادی تو هم هی به همه اهانت می‌کنیا... آخه مرد حسابی یه بلانسبتی هم بگو...
آقای آزادی:	(با فریاد) خب بلانسبت درختا...
رسول:	(میانجیگری می‌کند) این مسائل رو باید همه‌ی مردم ده با هم بنشینن و حل کنن... همه باید روی این موضوع نظر بدن...
آقای آزادی:	پس کی می‌خوان بنشینن و حل کنن...؟ کی می‌خوان نظر بدن...؟ وقتی همه چیز از بین رفت...؟ وقتی که این پل خراب بشه، هیچ

چیز جز تأسف وجود نداره...؟ اون‌وقت حل می‌کنن...؟ اون موقع دیگه دیر شده...

رسول: ما همیشه دیر دیر کارهامون رو می‌کنیم... این عادتمونه...

عمو سیف: عادت گوسفندها چهار ماهه‌ست... عادت زن‌ها نه ماهه... من می‌ترسم چند وقت دیگه یه عادتی هم برای مردا پیدا بشه... **(با اشاره به رسول که آفتابه را پر می‌کند)** آقا رسول فعلاً خلیفه واجب‌تر از همه‌ست تا خودت رو اینجا خراب نکردی برو خدمت خلیفه... برو....

رسول آفتابه را برداشته و درحالی‌که به خود می‌پیچد، وارد مدرسه می‌شود و عمو سیف هم وارد قصابی می‌شود.

آقای آزادی: **(با فریاد)** ما به نتیجه نرسیدیم... عمو سیف پس پل چی می‌شه...؟ رسول ما هیچ‌وقت به نتیجه نمی‌رسیم... برای ما مرگ واجب‌تره...

رسول: **(از داخل توالت)** خنده یادت نره... خنده، غم رو از دل می‌بره...

آقای آزادی کمی به اطراف نگاه می‌کند. به مدرسه، به قصابی و بعد به‌طرف جمعیت که آن‌ها را درخت‌های اطراف رودخانه فرض می‌کند برمی‌گردد و یکی یکی آن‌ها را انتخاب و با آن‌ها صحبت می‌کند.

آقای آزادی: آره... فقط باید خندید... فقط باید خندید... اما

خنده‌ی زیادی مرض میاره...؟ اگه مریض بشیم و پل خراب بشه چی...؟ درمانگاه اون‌طرف ده و ما این‌طرفیم... اون‌وقت چطوری بریم دکتر...؟ مدرسه...؟ اون چی...؟ بچه‌ها چه کار می‌کنن...؟ نه خنده‌ی زیادی مرض میاره... (صدای خنده رسول از بیرون) اما نه... خنده غم رو از دل می‌بره... باید بخندم... باید بخندم... **(می‌خندد)** باید تمرین کنم... **(می‌خندد)** تمرین کنم و بعد جلوی مردم ده بخندم... شاید هم اون‌وقت اونا عصبانی بشن و از جاشون بلند شن و پل رو درست کنن... آره... اون‌ها لجشون می‌گیره... چرا من باید غصه بخورم...؟ بذار اون‌ها غصه بخورن...

آقای آزادی در حال تمرین خنده است و متوجه ورود حاج قاسم نیست. حاج قاسم تا آقای آزادی را می‌بیند بقچه‌ی حمامش را زیر عبا مخفی می‌کند و بعد شروع به سرفه می‌کند که وردش را به عمو سیف و آقای آزادی خبر بدهد. اما آقای آزادی چنان مشغول تمرین خندیدن است که متوجه حاج قاسم نمی‌شود و بالاخره وارد مدرسه می‌شود. حاج قاسم با عصبانیت عمو سیف را صدا می‌زند.

حاج قاسم: (با صدای بلند) عمو سیف... عمو سیف... مرد مگه رفتی موال...

عمو سیف: (از داخل قصابی) بله حاجی... تویی...؟ سلام...

حاج قاسم: (با صدای بلند) سلام و مرض... سلام و درد....

اصغـر خبرچیـن هـم از تـه سـالن وارد شـده و
درحالی‌که به‌طرف صحنـه مـی‌رود، دنبـال تـه
سـیگار می‌گـردد. اصغـر خبرچیـن کمـی عقـب
افتـاده اسـت ولـی ایـن را سـخت می‌شـود فهمیـد،
چراکه گاهی حرف‌های سنجیده و بجا و پرمعنی
کـه بـه ظاهـرش نمی‌آیـد، می‌زنـد. گاهـی هـم یـک
یـا دو تکـه‌ی آخر هرچـه دیگران می‌گوینـد را تکرار
می‌کنـد. عمـو سـیف از قصابـی خـارج می‌شـود.

حاج قاسم: (خطاب بـه آقـای آزادی) پدرسـوخته‌ی گدا... حالا
دیگـه بـه جایـی رسـیده کـه بـه مـن می‌خنـده... مـن
رو مسـخره می‌کنـه... مشـهدی آقـا رضـا حـق داره...
ایـن پدرسـوخته عیصارش دراز شـده... پدری ازت
بسـوزونم کـه تـوی قصه‌هـا بـا آب طـلا بنویسـن...

عمو سیف: دل خوشـی داری حاجـی... حتمـی سـوی تفاهمـی
شـده... ولـش کـن هـر غلطـی می‌خـواد بکنـه...

حاج قاسم: ولش‌کنم...؟ تا بزرگترهـا هسـتن این‌گه خوردن‌ها
بـه اون نیومـده...

اصغر خبرچین: (کـه حـالا رسـیده روی صحنـه و کنـار حـاج قاسـم)
آره حاجـی... پدرسـوخته نمی‌فهمـه بـزرگ مـا
شـمایید... تـا شـما هسـتید این‌گه خوردن‌هـا کـه بـه
اون نیومـده...

حـاج قاسـم بی‌خبـر بـه اصغـر خبرچیـن حملـه کـرده
و شـروع بـه زدن او مـی کنـد.

حاج قاسم: خفه شو پدرسوخته‌ی خل...

اصغر خبرچین در حین کتک خوردن و فرار به مشهدی آقا رضا که وارد صحنه شده می‌رسد. مشهدی آقا رضا هم پس‌گردنی محکمی نثار او می‌کند. اصغر خبرچین به پایین سن می‌پرد و کنار صحنه و تماشاچیان مشغول جمع کردن نقل‌هایی که از جیب حاجی قاسم بیرون ریخته و پخش شده، می‌شود. عمو سیف جلوی حاج قاسم را می‌گیرد.

عمو سیف: حاجی ولش کن... غلط کرد... آدم که سر به سر یه دیوونه نمی‌ذاره...

مشهدی آقا رضا: این دیوونه ست...؟ این از صدتای من و تو هم عاقل‌تره...

مشهدی آقا رضا می‌رود و روی سکوی کنار در قصابی می‌نشید. میرزا حسین از ته صحنه وارد می‌شود و از وسط جمعیت بیل به دوش به‌طرف صحنه می‌رود. با دیدن میرزا حسین، حواس حاج قاسم به او پرت می‌شود.

حاج قاسم: هان نگاه کن... این هم یکی از آن پدرسوخته‌هاست. خب مرتیکه‌ی دماغ ناخوش، مگه مرض داشتی که قول بیخودی به مردم بدی ونیای و کار ما رو معطل بذاری... آخه مگه کرت کرده بیدندت...؟ آدم قحطی که نبود... سگ برینه آدم‌هایی مثل شما پیدا می‌شه که بیان کمک آدم... زمین من که بایر نمی‌مونه... یه نفر میاد و شخم می‌زنه...

میرزا حسین: حاجی والله بالله مریض بیدم...

حاج قاسم: شما پدرسوخته‌ها این پدرسوختگیها عادتتونه... تو مریض نبیدی... زیر زِپت زده... شما هر وقت گشنه هستید، موس موس می‌کنید... سیر که شدید دیگه سگتون رو هم بنده نیستید...

مشهدی آقا رضا: **(با اشاره به دور میان حرف حاجی قاسم می‌پرد)** اون هم دلاکمونه... نگاش کن... محل سگ هم به ما نمی‌ذاره... سر خرمن که می‌شه که حق زحمتش رو بگیره... هر روز می‌پرسه مشهدی اصلاح نمی‌خوای... توبره‌ش که پر شد، می‌ره دنبال کارش و دیگه هیچ‌کس رو نمی‌شناسه و گور پدر حاجی و مشهدی... یه هفته‌ست که می‌خوایم سرمونو بزنیم... تا ما رو می‌بینه راهش رو کج و تند می‌کنه...

میزا حسین: من صد دفعه گفتم اون پدرسوخته به درد دلاکی نمی‌خوره... کو گوش بخر...

عمو سیف: خیلی هم دلاک خوبیه... آخه بیچاره چه کار کرده...؟ مثه سگ زحمت می‌کشه...

مشهدی آقا رضا: برای شما آره... که با هم بخورید... آخه هم‌خونه‌اید...

هنوز صدای خنده‌ی آقای آزادی از داخل مدرسه شنیده می‌شود.

مشهدی آقا رضا: این‌ها همه از یه قماشن... مثلاً همین معلمه... آقای آزادی... یادتون میاد...؟ باباش گدایی

می‌کرد... حالا ما رو نوکر خودش هم حساب نمی‌کنه... از ما سلام می‌خواد... بچه‌هامون رو به قصد کشت با ترکه و چک می‌زنه و امر و نهیمون می‌کنه... می‌زدیم تو سرش و یه لقمه نون می‌دادیم دستش... حالا اون می‌زنه تو سر ما...

حاج قاسم: می‌زنه تو سرمون...؟ غلط می‌کنه... به قبر پدر پدرسوخته‌ش می‌خنده که از این گه‌ها بخوره... می‌زنیم تو دهنش که حالیش نباشه از کجا بره...

مشهدی آقا رضا: حاجی زیاد زور نزن... از قدیم و ندیم این‌جوری بیده... گهی زین به پشت و گهی پشت به زین...

آقای آزادی از مدرسه درحالیکه بلند می‌خندد، خارج شده و وارد صحنه می‌شود.

حاج قاسم: از کجای این ده حرف بزنم... اصلاً تقصیر ماست که بعضی‌ها خودشون رو گم کردن...

آقای آزادی: عمو یه سیر گوشت...

مشهدی آقا رضا: دیگه سگ‌ها هم گوشت‌خور شدن...

آقای آزادی: بیشترین گوشت این ده رو عمو کی می‌خوره...؟ (سکوت) معلما... مگه نه...؟ ما دو تا معلم... آه... یادم رفت یه مستخدم هم داریم... یک گربه هم هست...

میرزا حسین: (با اشاره به پل) آهای پسر... آهای... خوره به پوزت افتاده... مگه نمی‌بینی پل داره خراب

می‌شـه...؟ ایـن بـاره خیلـی سـنگینه... بندازش...
صدای خرد شدن چوب و افتادن آن در آب می‌آید.

حاج قاسم: بـار رو بنـداز... بنـداز... بنـداز تخـم زنـا... تیرهـا شکست...

اصغر خبرچین: حاجی از کجاش فهمیدی تخمش زناست... مگه تخمش رو دیـدی...؟

حاجی قاسم: (درحالی‌که لگـدی به اصغر می‌زند) کره خـر... بده بره بار خره رو بنداز... الان پل خراب می‌شه... بـده... بلنـد شـو میـزا حسـین...

اصغر خبرچین: (فریاد زنان) کره خر بار رو بنداز... پل الان خراب می‌شـه...

از میـان جمعیـت سـالن بـه سـرعت دویـده و از انتهـای سـالن خـارج می‌شـود. صـدای افتـادن بـار در آب می‌آیـد. سـکوت برقـرار می‌شـود. آقـای آزادی متفکرانـه جلـوی سـن می‌آیـد و بـه دوردسـت و پـل نـگاه مـی‌کنـد.

آقای آزادی: بیچـاره... آذوقـه‌ی زمسـتونش بـود... همـه چیـز زمسـتونش همیـن بـار بـود...

عمو سیف: یه ماه بـود که می‌رفت بیابـون تا این آشغال‌ها رو بکنـه...

آقای آزادی: حالا با چی تو زمستون خودش رو گرم می‌کنه...؟

عمو سیف: خودش جوونه... اما مـادر پیرش نمی‌تونه سرما رو تحمـل کنه... بنـده خـدا مریضه...

مشهدی آقا رضا: چشمش کور... بار به این بزرگی نگیره... مگه چشم نداره که ببینه پل خرابه...؟

میزا حسین: چه تخم حرومی... مردش نمی‌تونه این بار به این بزرگی رو بِکنه...

عموسیف: گربه از درد ناعلاجی به بببیش می گه خانم باجی... عزیز من این هم از درد بیچارگی این زحمت‌ها رو می کشه... وگرنه چرا من و مشهدی آقا رضا نمیریم بیابون...

مشهدی آقا رضا: اون‌وقتی که من می‌بایستی کار کنم، کردم... در ثانی پس این تخم ترکه‌ها رو برای چی پس انداختم...؟ تحفه می‌خواستمشون...؟ برای این روزها می‌خوام... برای پیری می‌خوام...

حاج قاسم: مردم اصلاً نمی‌خوان فکر کنن و کار کنن. می‌دونن که پل شکست داره و اگه خراب بشه مردم بدبخت می‌شن... اما از اون تنبلی و گشادی و پدرسوختگی که دارند هی بار سنگین از این رو رد می کنن...

آقای آزادی: مردم باید بجنبن... باید عجله کنن... دهات اطراف همه آباد شدن... مردم می‌تونن پل رو درست کنن... اما چرا نمی‌کنن... این رو می‌دونن که ممکنه هر آن باقی تیرهای پل مثل این که شکست، بشکنه و خرها با بار و خرک‌چیهاشون بیافتن توی آب... اما این رو نمی‌دونن که باید هر چه زودتر درستش کنن... فقط حرفش رو می‌زنن... همه نشستید و مثل همین مشهدی آقا

رضـا کـه دسـتش همـش تـوی خشتکشـه و بـا اونجـاش بـازی مـی‌کنـه... بـا اونجاتـون بـازی مـی‌کنیـد و تقصیـرش رو می‌اندازیـد گـردن رعیت‌هایـی کـه شـب و روز بخاطـر یـه لقمـه نـون سـگ‌دو می‌زنـن... تـا دیـر نشـده بلنـد شـید و همـت کنیـد و درسـتش کنیـد...

مشهدی آقا رضا: کسـی کـه بایـد درسـتش کنـه... بالاخـره درسـت می‌کنـه... خـوب هـم وقـت درسـت کردنـش رو می‌دونـه... بـه هیـچ کـس و ناکسـی هـم ربطـی نـداره کـه پاشـو از گلیمـش درازتـر کنـه و بـه کار بزرگترهـا دخالـت کنـه...

حاج قاسم: دوبـاره ایـن بـا مـا دهـن بـه دهـن گذاشـت... اصـلاً تـو سـر پیـازی یـا تـه پیـاز...؟

آقای آزادی: من نه سر پیازم و نه ته پیاز...

میزا حسین: پس کجاش هستی...؟

آقای آزادی: من وسط پیازم...

حاج قاسم: بسـه بسـه... صـد دفعـه گفتـم حـالا هـم می‌گـم... بـه تـو ارتباطـی نـداره... بـرو دنبـال معلمیـت... اینجـا کدخـدا داره... بزرگتـر داره... تـا اونـا هسـتند، ایـن غلط‌هـا بـه تـو نیومـده...

عمـو سـیف پـا در میانـی می‌کنـد و آقـای آزادی را به‌طـرف مدرسـه هـل می‌دهـد.

عمو سیف: آقـای آزادی شـما حـالا امـروز رو کوتـاه بیـا... بـرو عمـو جـان... بـرو بـه مدرسـه‌ت بـرس... اینجـا بزرگتـر داره... اون‌هـا خودشـون همـه چیـز رو خـراب

می‌کنن... نگران چی هستی پدر آمرزیده... برو به مدرسه‌ت برس... خنده هم یادت نره...

آقای آزادی وارد مدرسه می‌شود.

مشهدی آقا رضا: دیگه نمی‌شه تحمل کرد... باید تکلیف این پسره رو یکسره کنیم... حالا کارش به جایی رسیده که به ما می‌خنده... مسخره‌مون می‌کنه... این رو دیگه نمیشه ندیده گرفت...

عمو سیف: **(با طعنه در حین وارد شدن به قصابی)** آره بابا... باید بالاخره یک کاری بکنیم... نمیشه که بیکار نشست...

مشهدی آقا رضا: چه کاری...؟

عمو سیف: تو خودت هزار تا شیطون رو هم درس می‌دی... اون‌وقت از من می‌پرسی چه کار کنیم...؟ اصلاً من رو بگو چرا با این‌ها دهن به دهن می‌ذارم... مرد حسابی برو به کارت برس...

عمو سیف وارد قصابی می‌شود.

مشهدی آقا رضا: **(خطاب به عموسیف)** خبه خبه... بره... بره درت رو بذار...

مشهدی آقا رضا حرفش تمام نشده بود که با بلند شدن صدای خاتون حسین از ته و بیرون سالن نطقش خاموش می‌شود. حاج قاسم و مشهدی آقا رضا به‌طرف صدای خاتون خیره می‌شوند. صدای اقدس خانم که با خاتون صحبت می‌کند از پشت صحنه می‌آید.

خاتون حسین:	(از بیرون) آهـای اقـدس خانـم... واستا باهـات کار دارم...
اقدس خانم:	(از بیرون) چه کار داری خاتون... من کار دارم...
خاتون حسین:	می‌خوام باهـات حرف بزنم کـه دختـرات رو با مـن بفرسـتی اکابـر... مدرسـه...
اقدس خانم:	(از بیرون) بره بره... خاتون... خدا بهت یه عقلی بـده... دختـرا رو ببـرم مدرسـه...!

عمو سیف جلوی در قصابی ظاهر می‌شود. حاج قاسـم حرکت می‌کند کـه از صحنه خـارج شـود... مشهدی آقـا رضـا دنبـالش به راه می‌افتد.

مشهدی آقا رضا:	حاجی چی شد....؟
عمو سیف:	اگـر باباتون هستید حـالا وایسید و بـا خاتون بگو مگـو کنیـد...؟
مشهدی آقا رضا:	آخـه مگـه آدم می‌تونـه بـا عفریتـه سـر بـه سـر بـذاره... مثـل تـف سـر بالاست کـه برمی‌گـرده و می‌افتـه تـو صـورت خـودت... بی‌خود می‌گـم حاجی...؟

درسـت وقتی حـاج قاسـم و مشـهدی آقـا رضـا از صحنه خـارج می‌شـوند، از تـه سـالن نمایـش و سـمت مخالـف خاتون حسین وارد می‌شـود و هنوز بـا اقدس خانـم در حـال صحبـت اسـت. خاتون در اوایـل سـی سـالگی اسـت. بسـیار زیبـا و با جثـه‌ای نسـبتاً قـوی، روسـری و چـادرش نیمه‌بـاز اسـت و موهایـش دیـده می‌شـود کـه بلنـد و صـاف هسـتند.

مشهدی آقا رضا و به‌دنبالش حاج قاسم پشت درختی که کنار و پایین صحنه است ظاهر و مخفی شده و به خاتون و اصغر خبرچین گوش می‌کنند. فقط تماشاگران آن دو را می‌بینند و از دید آدم‌های روی صحنه در امان هستند. حاج قاسم نمی‌خواهد بماند اما مشهدی آقا رضا او را نگه داشته است.

خاتون حسین: دِ وایسا... چرا داری در می‌ری... مگه ما زن‌ها چی‌مون از مردهای دماغ بالا کمتره که نباید مدرسه بریم...؟

اقدس خانم: (صدا از بیرون) بره یه نفر دیگه رو ببر...

درست وقتی که خاتون حسین به صحنه می‌رسد و وارد صحنه می‌شود، اصغر خبرچین از ته سالن وارد و دوان دوان و با صدای بلند به‌طرف صحنه می‌رود.

اصغر خبرچین: حاجی... حاجی مشتلوق بده... بار و الاغش رو هل دادم تو رودخونه و آب دوتاشون رو برد که برد... مشتلق مار و بده...

وقتی اصغر خبرچین، حاجی و مشهدی آقا رضا را نمی‌بیند و به جای آن‌ها خاتون حسین را روی صحنه می‌بیند، ساکت می‌شود و در اطراف به‌دنبال آن‌ها می‌گردد.

خاتون حسین: چت شد اصغر...؟ مگه آدم ندیدی...؟

اصغر خبرچین: پس حاجی و مشهدی کجا غیبشون زد...؟ حتما از

ترس خاتون در رفتن... ترسیدن خاتون شلوارشون رو بکنه و آبروشون رو ببره... پس مشتلوق ما رو حالا کی می‌ده...؟ خر و بارش رو که هل دادم تو رودخونه هیچی، صاحب بار رو هم هل دادم و آب بردشون...

عمو سیف: پس دیوونه خر و بار رو انداختی تو رودخونه... صاحب بار رو چرا هل دادی...؟

اصغر خبرچین: آخه عمو، وقتی خر و بارش رو آب برد، دیگه باردار بدون خر و بار به چه دردی می‌خوره...؟ هیچی...!

خاتون حسین: بالاخره یه آدم عاقل تو این ده پیدا شد... اصغر... بیا... بیا با هم بریم اکابر و درس بخونیم و آدم بشیم...

اصغر خبرچین: اکابر...؟ ملا، آشیخ میرزا تو مسجد گفت: زن باید تو خونه بمونه... به شوهر و بچه‌هاش برسه...

خاتون حسین: غلط کرد که این رو گفت... مگه ملا میرزا خودش سواد داره... که این‌ها رو بفهمه... چند تا کلمه‌ی عربی بلغور می‌کنه و حتمی خودش هم معنی اون‌ها رو نمی‌فهمه... بیا بریم...

اصغر خبرچین: آخه من و زن رو که تو مدرسه راه نمی‌دن...

خاتون حسین: کی گفته راه نمی‌دن...؟ خودم با آقای آزادی حرف زدم... خیلی هم خوشحال شد... داره من رو درس می‌ده... تو رو هم درس می‌ده... بیا... بیا... بریم...

خاتون حسین دست اصغر خبرچین را می‌گیرد و

او را با زور به‌طرف مدرسه می‌برد. اصغر خبرچین رو به عمو سیف می‌کند.

اصغر خبرچین: عمو به حاجی اگه برگشت بگو من رفتم مدرسه درس بخونم و آدم بشم... بگو مشتلوق ما رو بذاره پیش تو...

خاتون حسین و اصغر خبرچین وارد مدرسه می‌شوند. عمو سیف هم وارد قصابی می‌شود. مشهدی آقا رضا با احتیاط اطراف را وارسی می‌کند و وقتی خاتون را سر پل نمی‌بیند به‌طرف حاج قاسم برمی‌گردد.

مشهدی آقا رضا: حاجی باید یه کاری کرد... نمیشه دست رو دست گذاشت و نگاه کرد... اوضاع داره هر روز بدتر و خراب‌تر میشه... دیدی گفتم حاجی بالاخره این آقای آزادی یه کاری دستمون می‌ده... از اول هم می‌دونستم... امروز خاتون رو می‌بره مدرسه... فردا هم می‌خواد زن و دختر من و تو رو ببره... روی زنامون رو به ما باز می‌کنه... مگه اون‌وقت میشه جلوشون رو گرفت... پس فردا هم که دو کلمه خوندن و نوشتن یاد گرفتن روشون باز میشه و غذا هم درست نمی‌کنن... حالا غذا درست کردن به کنار... دیگه شاید نماز هم نخونن... پس دین‌مون چی میشه...؟

حاج قاسم: من هم می‌دونستم... اما حالا تکلیف چیه...؟ من که دیگه عقلم به جایی قد نمی‌ده...

مشهدی آقا رضا: حاجی... آقای آزادی با خندیدنش و بردن

خاتون تو مدرسه، کارها رو راحت‌تر کرده...

حاج قاسم: چه جوری راحت‌تر کرده...؟

مشهدی آقا رضا: اول باید یه کاری کنیم که خاتون با آقای آزادی بریزه رو هم... بعدش هم توی ده چو می‌ندازیم که آقای آزادی دیوونه شده... دم آشیخ میرزا رو چرب می‌کنیم و می‌گیم فتوا بده که آقای آزادی با بردن خاتون تو مدرسه که بهش درست یاد بده باهاش زنا کرده... بعد از یه مدتی هم می‌گیم به یه آدم دیوونه و زناکار که نمی‌شه اعتماد کرد که بچه‌هامون رو بفرستیم مدرسه... حاجی زناکار، زناکاره... پسر و دختر که نمی‌شناسه... در ثانی از کجا که نزنه له له دارشون **(زخمی کردن)** نکنه... حاجی اگر دست به کار نشیم فرداست که در خونه‌ت رو می‌زنه و زن و دخترت رو با زور می‌بره تو مدرسه...

حاج قاسم: غلط می‌کنه که از این گه‌ها بخوره... دستش به چفت در خونه‌ی من بخوره، دستش رو قطع می‌کنم...

مشهدی آقا رضا: حاجی این مدرسه اصلاً مایه‌ی بدبختی ماست... بچه‌ها می‌رن دوتا کلمه درس یاد می‌گیرن بعدش هم به ما می‌گن سواد ندارید و آدم نیستید... بعدشم ولمون می‌کنن و می‌رن شهر... اون‌وقت کی زمین‌ها رو شخم کنه...؟ من و تو...؟ کی دست من و تو رو تو زمان پیری بگیره...؟ حاجی بعدش هم اصلاً مدرسه رو باید

تعطیل کنیم... بچه‌هامون رو می‌فرستیم مسجد... حاجی اصلاً توی این مدرسه یک کلمه قرآن به اون‌ها یاد می‌دن...؟ نه که نمی‌دن... خودم یه معلم می‌شناسم تو شهر که هم قرآن بلده... هم همه‌ی این‌هایی که این معلما بلدن... پیغام می‌فرستم بیاد...

حاج قاسم: بد فکری هم نیست... اما اگه بعد نرفت چی...؟

(مکث)

مشهدی آقا رضا: خب ناراحتی نداره... مثل همون پسره... یادته...؟ می‌گیم آشیخ میرزا حکم فتوا بده... بعد هم همه‌ی مردم رو جمع می‌کنیم و می‌ریزیم سرش و تیکه تیکه‌ش می‌کنیم... ژاندارمری هم که نمیاد تمام ده رو برداره و ببره زندان...

حاج قاسم پاک در فکر فرو می‌رود.

مشهدی آقا رضا: بالاخره درست می‌شه حاجی... فکر زیاد نکن... ترس به دلت راه نده... به خدا و پیغمبر اکرم توصل کن... خودشون همه‌ی کارها رو درست می‌کنن...

پایان پرده دوم

پرده سوم

نور کم‌کم زیاد می‌شود. صدای اصغر خبرچین از بیرون شنیده می‌شود.

صدای اصغر خبرچین:

آهای مرد... کربلایی اکبر... بیاید بریم مدرسه... درس بخونیم و آدم بشیم...

اصغر خبرچین با یک شاگرد نوجوان از آخر سالن وارد می‌شوند و به‌طرف مدرسه می‌روند. کتابچه و مدادی هم در دست دارد.

اصغر خبرچین: الف... آلبالو... ب... بلال... میزا حسین بلال‌های خوبی دارد... د... دیوانه... ت... ترکه... خ... خر... کسانی که سواد ندارند خرند...

با تماشاچیان وارد صحبت می‌شود و آن‌ها را در حکم مردم ده می‌بیند.

اصغر خبرچین: مشهدی محمد بیا بریم مدرسه... درس بخونیم و آدم بشیم... آخه آدم فقط با نماز خوندن که آدم نمی‌شه... آقای آزادی راست می‌گه...؟ ما چقدر دعا کردیم و آدم نشدیم... بیا بریم درس بخونیم

شاید آدم بشیم... آقای آزادی آدممون می‌کنه... اگر درس نخونی اون‌وقت ترکه هم کف دستت می‌زنن...

درحالی‌که اصغر خبرچین مشغول گفتگو با تماشاچی‌هاست، مشهدی آقا رضا و حاج قاسم از ته سالن وارد می‌شوند و مشغول ورانداز او هستند و آهسته به‌طرف او حرکت می‌کنند. اصغر خبرچین که هیچ اطلاعی از آن‌ها ندارد با یک نفر دیگر صحبت می‌کند.

اصغر خبرچین: علی اکبر... بیا خودم ببرمت مدرسه... الفبا بهت یاد می‌دن...

مشهدی آقا رضا و حاج قاسم به پشت سر اصغر رسیده و ایستاده‌اند و او را تماشا می‌کنند. اصغر خبرچین بدون اطلاع از آن‌دو با یک خانم صحبت می‌کند.

اصغر خبرچین: خاله سکینه... تو بیا بریم مدرسه... مگه شما کمتر از مردها هستید... خاتون هم داره میاد مدرسه... چند روز دیگه درس یاد می‌گیره و معلم می‌شه... اون‌وقت بیشتر از شما می‌فهمه... بیا... بیا بریم... خب نیاید آدم بشید... خودم فقط می‌رم آدم می‌شم... الف... احمق... ب... بلا... ن... نفهم...

اصغر خبرچین با پس‌گردنی ملایمی که از مشهدی آقا رضا می‌خورد به‌طرف او برمی‌گردد.

اصغر خبرچین: د... دیوانه... س... سگ... خ... خر...

مشهدی آقا رضا: اصغر... خل شدی...؟ چی داری بلغور می‌کنی...؟

اصغر خبرچین: س... سلام مشدی... سلام حاجی... دارم درسم رو حاضر می‌کنم... ن... نان... ک... کره خر... خ... خان... حاجی می‌دونی خان یعنی چی...؟ خان... خش یعنی خر... الفش یعنی احمق... نونش یعنی نفهم... پس خان یعنی خر احمق نفهم... مثل همه‌ی بی‌سودا...

حاج قاسم: کره خر خفه شه... این دری وریا رو کی یادت داده...؟

اصغر خبر چین: آقای آزادی و خاتون... که آدم زودتر یاد بگیره و یادش بمونه... مشهدی تو هم بیا بریم مدرسه درس بخون... ببین آقای آزادی چجوری به آدم یاد می‌ده که آدم یادش بمونه و آدم بشه...

مشهدی آقا رضا: خل دیوونه... حالا خودت می‌خوای بری جهنم... پس چرا به فکر بی‌بی نیستی... جهنم رو داری برای مادر بیچاره‌ت هم می‌خری...

حاج قاسم: نه اصغر نمی‌خواد بی‌بی‌ش بره جهنم و تو آتیش جهنم بسوزه... می‌خوای...؟

اصغر خبرچین: (**گیج و گنگ**) نه حاجی نمی‌خوام بی‌بی‌م بره جهنم... می‌خوام بره بهشت...

حاج قاسم: باید هم بره بهشت, چون پسرش اصغر سرباز امام زمانه... مگه نیستی...؟

اصغر خبرچین: آره من سرباز امام زمانم... می‌خوام بی‌بی‌م بره بهشت...

مشهدی آقا رضا: پس حالا که سرباز امام زمانی باید

دیده باشی که آقای آزادی با خاتون تو مدرسه چه پدرسوختگی‌ها می‌کنن... همدیگرو بغل می‌کنن... کارهای بد بد می‌کنن... اگه تو سرباز امام زمان باشی باید دیده باشی که آقای آزادی با خاتون تو مدرسه زنای حسنه می‌کنه... اگه ندیده باشی که سرباز امام زمان نیستی و بهشت جای تو و بی‌بی‌ت نیست...

اصغر خبرچین: نه مشهدی من دیدم... زنای حسنه می‌کنه... زنای حسینه هم می‌کنه... من سرباز امام زمانم...

حاج قاسم: پس سرباز امام زمان باید فوری بره و به مردم بگه که دیده که آقای آزادی تو مدرسه با خاتون زنا می‌کنه... بگه که آقای آزادی دیوونه شده... همه‌ی ده چو بنداز تا بری بهشت... البته با بی‌بی‌ت... اما اول بیا... بیا این نقل‌ها رو بگیر...

حاج قاسم یک مشت نقل از جیبش در می‌آورد و در جیب اصغر خبرچین می‌ریزد.

مشهدی آقا رضا: حالا این دفترچه‌ت رو هم بده به من... دیگه هم تو مدرسه پیدات نشه‌ها... (دفترچه‌ی اصغر خبرچین را می‌گیرد) سرباز امام زمان که مدرسه نمی‌ره... می‌ره مسجد... می‌ره مکتب...

حاج قاسم: نه اصغر سرباز امام زمانه... اصلاً می‌گم آشیخ میرزا تو مسجد رو ممبر به همه بگه که اصغر سرباز امام زمانه... حالا جلد باش و بره... بعد هم بیا خونه... باز هم نقل بهت بدم...

اصغر خبرچین راه می‌افتد و فریادزنان از وسط

جمعیت خارج می‌شود.

اصغر خبرچین: آقای آزادی زناکاره... الله اکبر... از دست اکبر... آقای آزادی زنا کرده... دیوونه و خل شده... گرازه... شاخ می‌زنه... من سرباز اما زمانم... آقای آزادی زناکاره... دیوونه و خطرناکه...

مشهدی آقا رضا: نگفتم حاجی همه‌ی کارها خودش درست می‌شه... حالا نوبت عمو سیفه...

حاج قاسم: اما من از عمو سیف چشمم آب نمی‌خوره... عمو سیف این کار رو نمی‌کنه...

مشهدی آقا رضا: حاجی تو بزرگ دهی... همه کاره‌ی ده... اگر روی تو رو زمین بندازه... در دکونش رو می‌بندی... تا شیخ میرزا رو داری که دردی نداری... دم شیخ میرزا رو با یه گونی گندوم چرب می‌کنی و بهش می‌گی فتوا بده که گوشت عمو سیف اسلامی نیست و حرامه...

حاج قاسم: آره... اما اینم پیش خودت باشه... اتفاقاً همین عمو سیف چند وقت پیش اومده بود دختر من رو برای خواهرزاده‌ش بگیره... برای همین هم خیال نمی‌کنم حرف منو زمین بندازه...

مشهدی آقا رضا: از اون‌ور هم مهر فاحشه رو به خاتون حسین می‌زنیم و می‌گیم شیخ میرزا یه فتوا بده که خاتون حسین زناکار و بدکاره‌ست و از شر خاتون حسین هم خلاص می‌شیم... از حیث معلم هم نترس... از شر آقای آزادی که راحت شدیم، یک نفر رو می‌شناسم که داره پیش آیت‌الله احمدی درس

می‌خونه... پیغام می‌فرستم بیاد اینجا... حاجی، هم درس معلمی می‌ده و هم درس علم دین...

درست در همین زمان عمو سیف وارد صحنه می‌شود.

حاج قاسم: لنگ ظهره... چه مرگیته... دیر کردی و قصابی رو وا نکردی...؟

عمو سیف: **(درحالی‌که در قصابی را باز می‌کند)** حاجی دیر شد... تمام شب رو داشتم به کلاعباس می‌رسیدم... یادت میاد... تعزیه‌خونمون رو... یه ماهی می‌شه که مریض بیده... هیچ کس هم نمی‌دونسته... تک و تنها با خودش تو خونه سر کرده... حالش خیلی بده حاجی... هیچ کس رو دیگه نمی‌شناسه... بیچاره‌ی بدبخت هیچ کس و کاری هم که نداره...

حاج قاسم: کلاعباس...؟ هیچ کس مثل اون نقش علی اکبر و حضرت عباس و امام حسین رو بازی نکرده بید و نخواهد کرد... حتمی امروز می‌رم دیدنش... مشهدی آقا رضام میاد...

مشهدی آقارضا: من می‌دونستم که آخرش گناه این معلمه بالاخره گریبان‌گیر همه‌ی ده می‌شه... نگاه کن با اومدن این معلمه همه از هم توی این ده بریدند و بی‌خبرند... امروز کلاعباس رو از خاطر می‌بریم و فردام یه نفر دیگه رو... حتی ما بچه‌هامون رو هم از یاد بردیم... که شاید کشته شن... بچه‌ها در خطرن... نباید بذاریم برن مدرسه...

عمو سیف: مشهدی تو تا کی می‌خوای مفتن‌گیری رو ول نکنی...؟ دیگه پات لب گوره... به فکر آخرت باش... ول کن این بدبخت بیچاره رو...

حاج قاسم: عمو... این‌بار رو مشهدی خلاف نمی‌گه... آخه مگه مدرسه رقاص‌خونه‌ست... تو باید به مردم بگی که این معلمه آقای آزادی عقلش رو از دست داده... زده به سرش و دیوونه شده... داره توی مدرسه جلوی بچه‌ها زنا می‌کنه... آخه تو امین مردمی... مردم به تو اعتماد دارن...

عمو سیف: آخه مگه شما عقلتون رو از دست دادید...؟ چی دارید می‌گید...؟ حاجی تو حالت خوشه...؟

حاج قاسم: عمو سیف تو خیال بد نکن... آخه ما که پدرکشتگی با آقای آزادی نداریم... عمو تو هم‌کیش ما هستی... خوب می‌دونی که ما چی داریم می‌گیم... یه وقت پهلوون بودی... کوچیک بزرگی و احترام سرت میشه...

مشهدی آقا رضا: ما فقط می‌خوایم یه زهرچشمی ازش بگیریم که انقدر به پر و بال ما بند نکنه... اگر هم بند کرد پیش مردم بگیم خب این یه آدم دیوونه‌ست و از آدم دیوونه چه انتظاری می‌تونی داشته باشی...؟ هان حاجی...؟

عمو سیف: عزیز من... آخه اگه کاری به کارش نداشته باشید که اون هم کاری به کار شما نداره... هی پا رو دمش میذارین، اونوقت اون هم می‌پیچه به پاتون... آخه کفر که نمی‌گه... می‌گه این پل داره

خراب می‌شه... درستش کنید...

حاج قاسم: آخه عمو تو خودت ریش‌سفیدی و می‌دونی که ما ریش‌سفیدا حالت بچه رو داریم... نباید از گل نازک‌تر بهمون بگن... رنجیده می‌شیم... ناراحت می‌شیم... اگه آزادی این‌جوری پیش بره همه‌ی مردم، حتی بچه‌هایی که دماغشون رو نمی‌تونن بگیرن، تو روی ما وا می‌ایستن و بی‌احترامی بهمون می‌کنن...

مشهدی آقا رضا: بله... اگه آزادی فقط به درس دادنش برسه و کاری به کار ما نداشته باشه و هی امر و نهی به ما نکنه... ما هم مرض نداریم که النگالش ـ درگیر شدن ـ بشیم... بهش خوبی می‌کنیم... آخه ما که پدرکشتگی با اون نداریم... نون و رختمون رو که نمی‌ده که باهاش دشمنی کنیم...

حاج قاسم: مشهدی راست می‌گه... هر چی باشه ما دین و ایمون که یادمان نرفته... درثانی... عمو نشون بده رفیق محمدی یا محله... آخه عمو من چه جوری می‌تونم جواب آره به پسرخواهرت بدم و دخترمو بفرستم تو خونه‌ی خواهرت... وقتی که تو رفیق و همراه ما نباشی... خانم حاجی کمی دلسرده... اما روی حرف من که نمی‌تونه حرف بزنه عمو... فقط باید دوستیت رو نشون بدی که ما هم بگیم بسم‌الله... مبارک باشه...

مشهدی آقارضا: حالا فکراتو بکن عمو... اگه آزادی رو سر جاش ننشونی از دختر حاجی که خبری نیست هیچی... از

	کجا که شیخ میرزا فتوا نده که گوشتت حرومه...
عمو سیف:	خبه خبه... دیگه قمپوز در نکن که حنات پیش من یکی رنگی نداره...
حاج قاسم:	آخه بابا بچه بازی رو بذارید کنار...
عمو سیف:	حاجی... مشهدی آدم مکاریه... هر موش یه رنگی داره... من اون را قبول ندارم... اما قول تو رو قبول دارم حاجی... من به مردم می‌گم... بعد هم با آزادی صحبت می‌کنم و قانعش می‌کنم دیگه کاری به کار شما نداشته باشه... اما شما هم نباید به اون طعنه بزنید... خب هر کی باشه به دل می‌گیره که به یه غریبه عزت و احترام می‌ذارید و چشم ندارید خودی رو ببینید... اما مشهدی اگر زیر قولتون بزنید عمو دیدید، ندیدید...
مشهدی آقارضا:	خبه خبه... حالا دیگه قمپز در نکن... عمو دیدید، ندیدید...
حاج قاسم:	بابا صلوات ختم کنید... کربلایی اومد...

پایان پرده سوم

پرده چهارم

مشهدی آقا رضا روی سکو نشسته و اطراف را نظاره می‌کند. حاج قاسم وارد می‌شود.

حاج قاسم: چت شده که هنوز آفتاب در نیومده پیغام پسغام می‌فرستی...؟

مشهدی آقا رضا: خدا کارها رو داره درست می‌کنه... آشیخ میزا داره از کربلا میاد... دیگه باید وارد شن... همه میان دیدن و استقبال زوارها... بهترین وقته که جلوشون رو بگیریم و به همه خبر بدیم که این معلمه زنا کاره... و دیوونه شده...

حاجی قاسم: می‌شه کسی آب بخوره و تو خبردار نشی...؟

مشهدی آقا رضا: حاجی من هر کی از اونجا رد بشه می‌تونم بهت بگم چندتا مو به بدنش هست... شوهرش راضیش می‌کنه یا نه...

عمو سیف از قصابی خارج می‌شود و آن‌طرف در قصابی می‌نشیند و مشغول چاق کردن چپق می‌شود. درست همان موقع میزا حسین وارد می‌شود.

عمو سیف: مشهدی تو می‌تونی بگی چندتا مکر و حیله تو

بدن توست...؟

میزا حسین: سلام علیکن...

مشهدی آقا رضا: به اندازه‌ای که مکر و حیله توی تو هست، تو یزید بسطامی‌هم نبیده...

پسربچه‌ای سراسیمه و اشک ریزان وارد می‌شود.

پسربچه: حاجی... کل عباس سه روزه که مرده... هیچ کس توی ده نیست... همه رفتن پیشواز زوارها... بیایید بریم مرده‌ش رو برداریم... بیچاره مرده‌ش سه روزه که توی خونه مونده... هیچ کس هم خبر نداشته...

حاج قاسم: کل عباس...؟ خدا رحمتش کنه... خدا بیامرزدش... چه تعزیه‌هایی می‌خوند... راستی راستی مثل خود حضرت عباس بید...

با بلند شدن صدای چوشی کُن‌ها از بیرون، حواس همه به‌طرف صدا می‌رود.

چوشی کن: **(صدا از بیرون)**

تشنه‌ی آب فراتم ای اجل مهلت بده

تا بگیرم در بغل قبر شهید کربلا

اصغر خبرچین: **(صدای از بیرون)** پل شکست داره... مواظب باشید... یکی یکی رد بشید... اول به مدینه‌ی مصطفی را صلوات... دوم به نجف آقای آزادی دیوونه شده...

جمعیت از ته سالن وارد شده و از بین تماشاچی‌ها به‌طرف صحنه می‌روند. اصغر خبرچین در

جلوست... آشیخ میرزا عمامه و عبای سیاه رنگی بر سر و تن دارد و ریش نسبتاً بلندی دارد. چوشی کن می‌خواند و اصغر خبرچین بین آوازش گریز می‌زند. چند نفری گلاب بر سر مردم می‌ریزند. شخصی اسفند دود می‌کند. پسربچه حاج و واج حاجی و مشهدی را تماشا می‌کند. عمو سیف هم همان‌طور ساکت نشسته و حواسش فقط به پسربچه است. پسربچه ناامید و ناراحت فریادزنان و دوان دوان وارد مدرسه می‌شود. تنها عمو سیف است که حواسش به اوست. همه‌ی حواس‌ها به‌طرف زوارهاست.

پسربچه: آقای آزادی...؟ آقای آزادی...؟ آقای آزادی...؟

اصغر خبرچین: سوم به اما رضا شیر خدا را صلوات... چهارم در کربلا به شیر ملعون لعنت... پنجم به طوس آقای آزادی زنا کرده... شیشم به مکه غریب الغربا را صلوات... پنجم به شورچه آقای آزادی دیوونه شده...

چوشی کن:

ما سلام و روضه‌ی شاه نجف آورده‌ایم

روی پر گرد و غبار از مرقدش آورده‌ایم

اصغر خبرچین: (می‌خواند) آره گرد و غبارشو آوردن بریزن تو سر مردم دیوونه و بدبخت و آقای آزادی زنا کرده و دیوونه شده...

چوشی کن:

بس که رخ مالیده‌ایم بر مرقد شاه نجف
بوی مشک و عنبر و عطر و گلاب آورده‌ایم

اصغر خبرچین: **(می‌خواند)** آره عن قد رو آوردند بپاشند به مردم...

یک نفر محکم بر سرش می‌زند. جمعیت به روی سن می‌رسند.

حاج قاسم: زیارت قبول کربلایی، شیخ، حاجی... ما که دیگه نمی‌دونیم چی صدات کنیم...؟ آشیخ، حاجی، کربلایی...؟

مشهدی آقا رضا: حجت ولااسلام... شیخ ولاسلام... حاجی کربلایی... زیارتت قبول...

آشیخ میرزا: جای دوتاییتون حاجی، مشهدی خالی بید... انشالله سعادت شما هم بشه... مشهدی... حاجی... آدم روحش زنده میشه وقتی میره کربلا...

حاج قاسم: هر کس کربلا رو ندیده باشه... هیچ جا رو ندیده...

آشیخ میرزا: نمی‌دونید حاجی چه مناره‌هایی... چه گنبد و بارگاهی... تا چشم کار می‌کرد گنبد و بارگاه بید... آدم لرزش می‌گرفت...

اصغر خبرچین: آره... اونجا خیلی سرده... آدم کینش یخ می‌زنه...

آشیخ میرزا: حاجی خدا رو شکر کنید... این عرب‌های پاپتی رو اگه ببینید خدا را صد بار شکر می‌کنید...

حاج قاسم: تازه آشیخ میرزا توی اون گرما آب هم ندارند.

مشهدی آقا رضا: به آرزوت رسیدی آشیخ میرزا...؟

آشیخ میرزا: آره مشهدی آقا رضا... تو هـم بایـد بری ببینی دنیا دست کیه... امسـال که نیومدی... بـرای سـال دیگه خودتـو حاضـر کـن... منـم یـه کاری می کنم سـال دیگـه هـم بیام... اگـر خـدا بخـواد و بطلبدم...

صـدای آقـای آزادی کـه از مدرسـه خـارج شـده بـود، کـلام آشـیخ میـرزا و مشـهدی آقـا رضـا را قطـع می کنـد. به دنبالـش هـم پسربچه ای کـه خبـر مـرگ کلاعباس را آورده بود و عـده ای پسربچه ی محصل دیگـر و خاتـون حسـین خـارج می شـوند.

آقای آزادی: آشـیخ... ببخشید حاجی... کربلایی... آشـیخ میرزا... کلاعباس تعزیه خون دهمون رو یادتون میاد... شما کـه کربـلا تشـریف داشـتید... چند ماهی می شـد کـه گرسـنه و مریـض بـوده و حـالا هـم چند روزه کـه مـرده و هیچ کـس هـم نمی دونسـته... مُـردش تـک و تنهـا تـو خونه ش مونـده... یـه کفن هـم نـداره... کسـی یـه کفن داره کـه مُردش رو تـوش بپیچیـم... مـردم نکنـه یادتـون رفتـه چـه تعزیه هایـی براتـون می خونـد... شـما چـی آشـیخ...؟ قـرآن چـی می گـه...؟ کربـلا رفتـن واجب تـره یـا بـه در و همسـایه و نیازمنـد و فقیـر رسیدن...؟

در طـول صحبـت آقـای آزادی آشـیخ میـرزا چمدانـش را بـا پـا کنـار زده و بـا زیرکـی و احتیـاط بـه یکـی از اطرافیانـش سـقورمه ای زده و بـا اشـاره ی چشـم، نـدا می دهـد کـه چمـدان را ببـرد. شـخص ایـن کار را می کنـد. اصغـر خبرچیـن بـا دیـدن بـردن چمدان،

فوری چمدان را می‌گیرد.

اصغر خبرچین: آشیخ کفن‌هایی رو که از کربلا آوردی دارن می‌دزدن... کفن‌های آشیخ رو کجا داری می‌بری...؟

یک نفر بر سر اصغر خبرچین می‌زند تا خفه‌اش کند و فرد دیگری چمدان را با شدت از دست اصغر رها می‌کند و چمدان از صحنه خارج می‌شود.

اصغر خبرچین: آخه مگه دروغ می‌گم...؟ خب کور که نیستید... نگاه کنید چمدون آشیخ رو با کفن‌های کربلا بردن...

آقای آزادی: معلومه آشیخ میزا... هیچ کفنی رو هم با خودش از کربلا نیاورده...

مشهدی آقا رضا: آشیخ... حاجی ما نمی‌فهمیم چجوری بعضی‌ها یه دفعه کاسه‌ی داغ‌تر از آش می‌شن...

آشیخ میرزا: (بلند) الله هم صل علی محمد و آل محمد...

همه بلند صلوات ختم می‌کنند. آقای آزادی و به‌دنبالش بچه‌ها به‌طرف بیرون از وسط جمعیت به حرکت درمی‌آیند. درست در همین لحظه صدای قار قار چند کلاغ شنیده می‌شود و به‌دنبالش یک‌باره صدای آواز خاتون درحالی‌که به‌آرامی به‌دنبال آقای آزادی قدم برمی‌دارد، بلند شده و همه‌ی صداها را خاموش می‌کند. خاتون به‌دنبال آقای آزادی از وسط جمعیت خارج

می‌شود. آوازش از بیرون ادامه دارد و به‌تدریج کم می‌شود. عمو سیف بلند شده و مشغول بستن و قفل کردن قصابی می‌شود.

خاتون می‌خواند:

کلاغک قاری باری	قار قار کن بپر بریم
خونه به خونه, بوم به بوم	خبر کنیم آدما رو
که نمیرن از بی کسی	کلاغک قاری باری
بپا که سنگت نزنن	آخوند و ملا و حاجی
ببرن بکشن بخورن	با قول بهشت و دین
کلاغک قاری باری	انگار همه کور و کرن
صدای ظلمو مکنت و	دارن بجا حق می‌خرن
این آدمای ماش ماشی	این آدمای ماش ماشی

مشهدی آقا رضا: آشیخ میرزا... حاجی... چند دفعه گفتم دندونی که درد می‌گیره رو می‌کنن و میندازنش دور... بفرما... مردم که هیچی... شما آشیخ و حاجی که هیچی... دیگه به دین و ایمان و اسلام هم داره بد و بی‌راه می‌گه... آخه کی شماها می‌خواید از خواب بیدار بشید... وقتی یکی دوتا بچه‌ی معصوم به‌دست این شیاد کشته شدن...؟ مگه کورید که ببینید زنا رو به کجا کشونده...

حاج قاسم: عمو سیف کجا داری می‌ری...؟ عمو چرا معطلی... خب حرفت رو بزن... مردم... عمو براتون پیغامی داره... گوش کنید... بگو عمو...

حاج قاسم عمو سیف را گرفته و به وسط جمعیت می‌برد و دستش را هم ول نمی‌کند. همه‌ی چشم‌ها روی عمو سیف که تمام این مدت ساکت روی سکو نشسته و در فکر بود می‌افتد و منتظرند که صدایش در بیاید. همه ساکت می‌شوند. عمو سیف بعد از کمی سکوت و نظاره‌ی مردم، بالاخره صدایش آمیخته با بغض بلند می‌شود.

عمو سیف: مردم.. کی کفن داره...؟ کل عباس تعزیه‌خوان دهمان سه روزه که مرده و کفن نداره... لخته... یه کفن می‌خواد...

مشهدی آقا رضا: آشیخ... حاجی... مردم رو بیشتر از این معطل نکنید... باید بهشون گفت چه زناهایی زیر گوش ما داره اتفاق می‌افته... باید بهشون بگیم چرا همه دارن تو ده می‌میرن... اونم از بیچارگی... قنات‌ها دارن خشک می‌شن... سردرختیها دارن هر روز کمتر می‌شن... محصول نصف شده...

اصغر خبرچین چندتا از حرف‌های حاجی و مشهدی را هی بعد از آنها تکرار می‌کند.

کربلایی: حاجی چرا...؟

مشهدی آقا رضا: باید به مردم گفت چرا...؟ برای اینکه وصله‌ی ناجور توی ده است... همین‌ها هستن که در رزق و روزی مردم رو می‌بندن... خیال می‌کنین خدا برای چی داره هر روز در رزق و روزی رو می‌بنده...؟ حاجی... آشیخ... به دین و ایمان

و عفـت زن‌هـای عفیـف مـا داره توهیـن می‌شـه و شماها ساکت نشستید... آشیخ مگه شما نماینده‌ی امام نیستید...؟ حاجی معطل عمو سیف نمی‌شه شـد... اون شـریک زنـاکاره...

حاج قاسم: عمـو سیف... چرا لال شـدی...؟ دِ بگو... بـرو بالا روی سکو... عمو پس معطل چی هستی... به همه بگو... چرا حواست پرت شده....؟ دِ حرف بـزن و بگو پیش پای مردم چی می‌گفتی... د بگو... مگه تـو نمی‌خـوای تـوی ایـن ده گوشت بفروشـی...؟ اون هـم گوشـت حـلال... عمـو الآن وقتـش رسیده کـه تکلیفـت رو با مـردم معین کنی...؟ بگو با مردمی یـا بـا دشـمن دیـن و بـا زنـاکاری... بـا یـه دیوونه‌ی زنجیـری...؟

حـالا دوبـاره همـه‌ی چشـم‌ها بـه عمـو سـیف زل می‌زننـد. عمـو سـیف ناراحـت اسـت و به‌اجبـار و مشکوک شـروع بـه صحبـت می‌کنـد.

عمو سیف: مردم... مردم...

مشهدی آقا رضا: چتـه عمـو...؟ یـادت نـره تـو می‌خـوای اینجـا زندگـی کنی... چـرا حـرف نمی‌زنی...؟

عمو سیف: مـردم... آزادی... آزادی... حاجـی و مشـهدی می‌گن آزادی خـل شـده و زنا کرده... نبایـد به حرفاش گـوش کنیـد... (**همهمـه میان مـردم بوجود می‌آید**) مـردم ایـن رو حاجـی و مشـهدی می‌گـن...

مشـهدی، آشـیخ میرزا و حاجی را هـل می‌دهد تا

روی سکو بروند. هر دو روی سکو می‌روند.

حاج قاسم: مرد تو خودت می‌گی نه حاجی... مردم... بچه‌های مادر خطرن... نباید بذاریم برن مدرسه...

عمو سیف: مردم... مردم...

صدای عمو سیف میان فریادهای آشیخ میرزا، مشهدی و حاجی و صلوات فرستادن پی در پی مردم، خفه شده و می‌میرد.

آشیخ میرزا: تا این آزادی اینجا باشه... دین و ایمون ما در خطره... یادتون باشه جهنم رو برای خودتون خریدید... پس امر به معروف و نهی از منکر را برای کی گذاشتن... برای الان... همه‌ش هم بخاطر این آزادی زناکار و دیوانه‌ست...

اصغر خبرچین: آره... (دائم می‌خندد)

یکی از اهالی: آره دیوانه شده... از اول هم معلوم بود که عقلش کمه...

یکی دیگر: من نمی‌ذارم بچه‌م بره مدرسه... حالا باید چکار کنیم...؟

عمو سیف: مردم گوش کنید... (با فریاد) گفتم گوش کنید...

عمو سیف دست راست صحنه ایستاده و آشیخ میرزا وسط و حاج قاسم کنارش در سمت چپ صحنه روی تخته‌سنگی ایستاده است. عمو سیف فریاد می‌زند اما مردم گوش نمی‌دهند و دور حاجی و آشیخ میرزا را گرفته‌اند و هر یک

چیزی می گویند. مشهدی آقا رضا عمو سیف را از سکو پایین می کِشد.

مشهدی آقا رضا: بیا پایین... مرد مگه عقلت رو از دست دادی...؟ تو طرف محمدی یا محله...؟ در قصابیت رو با این کارت بستی...

عمو سیف: مفتن... بالاخره کار خودت رو کردی...

حاج قاسم: باید جلوی بچه‌ها رو گرفت... نباید به مدرسه برن... یه دفعه می‌زنه و له‌له دارشون می کنه...

اصغر خبرچین: اگه جلوی همه رو بگیرید، جلوی بچه‌ها رو نمی‌تونید بگیرید...؟ همین دیروز بود که یکیشون می گفت تو خری... سواد نداری... بابام خره... حاجی خره... مشهدی خره... آشیخ میرزا خره.... خره...

مشهدی آقارضا: خفه شه تخم زنا...

مشهدی بر سر اصغر می‌زند. اصغر خبرچین خودش را از او دور می کند.

اصغر خبرچین: مگه کفر می گم... آره... اون‌ها طرف معلم‌ها هستن... مگه نمی گن حرف حق رو باید از بچه شنید...؟

عمو سیف: مردم کاری به کار بچه‌های معصوم نداشته باشید... بگذارید درسشون رو بخونن... این ظلمه به اون‌ها... به بچه‌هامون... به بچه‌های معصوم خودمون...

مشهدی آقا رضا: چه ظلمی... مگه ما که درس نخوندیم کجا

رو گرفتیم که اون‌ها بگیرن...؟ هان... آشیخ میرزا کجا رو...؟

آشیخ میرزا: این درس‌ها همه‌ش حرف مفته... من وقتی می‌رفتم مکتب، روی تپنه می‌نشستم و پنجل هم می‌خوندم... این هم نمونه‌ی مدرسه رفتن و درس ضددین خوندن... می‌گید نه، اصلاً از همین بچه مدرسه‌ایها بپرسید...؟ اگه یک جزء پنجل یا قرآن رو بلد بودن بخونن...

مشهدی آقا رضا: آشیخ میرزا... پس معطل چی هستی...؟ مگه شما نماینده‌ی امام و امامت نیستید...؟ پس فتوا رو برای کی گذاشتن...؟

عمو سیف: مردم به خودتون ظلم کردید... بسه... به این بچه‌ها ظلم نکنید... بذارید درسشون رو بخونن... این ظلمه به اون‌ها...

آشیخ میرزا: چه ظلمی...؟ ظلم به دین ما شده... بیایید مردم... بیایید بریم بچه‌هامون رو از مدرسه بیاریم... این یه امر و وظیفه‌ی دینیه... بیا حاجی...

حاج قاسم: آره... بجنبید... زود باشید بیایید...

آشیخ میزا جلو می‌افتد و حاجی و مشهدی آقا رضا و به‌دنبالشان همه‌ی مردم وارد مدرسه می‌شوند.

یکی از کربلایی‌ها:

بابا ما از کربلا اومدیم... زوّار امامیم... بگذارید چوشی بکنن... مآل به دل داریم... آخه مشهدی تو

که بچه نداری که از مدرسه بیاری...؟

کربلایی هم خارج می‌شود و فقط عمو سیف باقی می‌ماند.

همهمه در مدرسه شروع می‌شود. صدای بچه‌ها که نمی‌خواهند از مدرسه خارج شوند و گریه‌ی آنها بلند می‌شود. صدای رسول با ناراحتی از مدرسه شنیده می‌شود. صدای داد و بیداد مردم که می‌گویند «هرّی... ما معلم نمی‌خوایم... ما مدرسه نمی‌خوایم» بلند است.

صدای رسول: این ظلمه... نه... بچه‌ها رو نبرید... تو رو به خدا این کار رو نکنید....

سر و صداها می‌خوابد و سکوت برقرار می‌شود. پسر بچه‌ای با سر خونین از مدرسه خارج می‌شود و به‌طرف عمو سیف می‌آید. به او که می‌رسد، می‌ایستد و با بغض صدایش بلند می‌شود

پسربچه: عمو... خودت فهمیدی چه کردی...؟ می‌دونی با دست خودت در مدرسه رو بستی...؟

عمو سیف: نفهمیدم... چراغم کور شد... آبگوشت کربلا چشم همه رو کور کرد...

پسر بچه خارج می‌شود. عمو سیف گیج و گنگ به‌طرف پسر بچه خیره شده است. صدای اصغر خبرچین که از طرف مدرسه و مخالف جایی که پسر بچه خارج شد بلند می‌شود. عمو سیف به‌طرف او سر برمی‌گرداند.

اصغر خبرچین: رسـول خـان... رسـول خـان... جلـد بـاش... مگـه نمی‌دونـی تـوی ده گـراز پیـدا شـده... بگـو جمعـه‌ی دیگه مـردم جمع می‌شـن تـا تکلیـف آزادی رو یکسـره کنـن...

رسول با ناراحتی از مدرسه خارج می‌شود.

اصغر خبرچین: رسـول خـان آقـای آزادی کجاسـت...؟ بهـش بگـو شـب جمعـه‌ی آینـده مـردم جمـع می‌شـن سـر پـل تـا تکلیـف آقـای آزادی رو یکسـره کنـن...

اصغر خبرچیـن از سـمت راسـت دوان دوان خـارج می‌شـود. رسـول جلـوی در مدرسـه می‌نشـیند.

رسول: امـروز نوبـت اونـه و فـردا نوبـت مـن... خرافـات غریبـه و دوسـت نمی‌شناسـه...

صحنه تاریک می‌شود.

پایان پرده چهارم

پرده پنجم

صحنه کم‌کم روشن می‌شود. مشهدی آقا رضا و کنارش میرزا حسین روی سکو نشسته‌اند. عده‌ای هم اطراف ایستاده‌اند. پسرهای جوان و محصل از جمعیت دورتر و به‌طرف مدرسه ایستاده‌اند. اصغر خبرچین ورود آدم‌ها را اعلام می‌کند و خیال می‌کند که مجلس گردان است. جمعیت کم‌کم وارد می‌شوند. با ورود حاج قاسم جمعیت صلوات بلند می‌فرستند. همه به حاج قاسم با سلام و جواب سلام احترام می‌گذارند. حاج قاسم کنار مشهدی آقا رضا می‌نشیند.

حاج قاسم: پس این ناشیخ کجاست...؟

مشهدی آقا رضا: دیر میاد که طاقچه بالا گذاشته باشه...

میزا حسین: بگو متهم کجاست...؟ مثل اینکه خیال آمدن نداره حاجی...؟

اصغر خبرچین: عمو سیف باید بدونه که میاد یا نمیاد...؟

عمو سیف ناراحت و غمگین از قصابی خارج شده و کنار در قصابی که وسط صحنه است می‌نشیند و مشغول چاق کردن چپقش می‌شود.

مشهدی آقا رضا: ببین حکایت ما توی این ده به کجا کشیده که دیگه کاسبمون هم از آدم سلام می‌خواد...؟

قبل از اینکه کسی جواب طعنه‌ی مشهدی آقا رضا را بدهد، با بلند شدن صدای بلند اصغر خبرچین که ورود آقای آزادی و خاتون را اعلام می‌کند، جمعیت ساکت و صدای صلوات همه بلند می‌شود. البته حاج قاسم و مشهدی آقا رضا از فرستادن صلوات ناخرسند هستند و سعی در خاموشی جمعیت دارند. آقای آزادی و خاتون و بچه‌ها یک طرف و جمعیت طرف مقابل آنها و عمو سیف درست وسط دو گروه قرار می‌گیرد. صدای آقای آزادی هنوز صلوات تمام نشده بلند می‌شود.

آقای آزادی: (استهزاء آمیز و با خنده) خب عمو سیف این مردم می‌خوان به جرم من رسیدگی کنن...

خاتون حسین: این مردم...؟ این مردم خودشون پر از جِرم و جُرمن... اونوقت می‌خوان به جرم تو رسیدگی کنن...؟

آقای آزادی: و تو عمو بگو کدوم طرفی هستی...؟ (با جدیت به جمعیت و خودش اشاره می‌کند) طرف سیاهی یا روشنی...؟ طرف ثروت یا فقر و سادگی...؟ طرف قدرت یا ناتوانی...؟ قدرت اون‌طرف... ثروت اون‌طرف... ظلم و ستم هم اون‌طرف...

خاتون: کودنی هم اون‌طرف... اما علم این‌طرف... درک

و فهم و شعور و معرفت و فقر و حقیقت هم این طرف...

آقای آزادی: اما حقیقت... حقیقت کجاست...؟ این‌طرف یا اون‌طرف...؟ ما می‌خوایم حقیقت رو پیدا کنیم... ببینیم که این‌طرفه یا اون‌طرف... حالا بگو عمو... تو که تنها آدم این ده هستی... بگو این‌طرفی هستی یا اون‌طرفی...؟ اون‌طرف تمام مردم ده و این‌طرف یه زن و یه معلم دیوونه که فقط می‌خنده...

همه‌ی چشم‌ها به عمو سیف دوخته می‌شود. چندی سکوت حکم‌فرما می‌شود..

عمو سیف: حقیقت این وسط زیر این خاکه... بیاید بکَنید و درش بیارید... تو درش بیار جوون ببین چه رنگیه... ببین و به ما هم بگو...

آقای آزادی: این رو باید اون‌هایی بگن که ادعا دارن از ما بیشتر می‌فهمن... اونا بگن که هم ثروتش رو دارن و هم قدرتش رو و به قول خودشون درک و فهمش رو... این رو باید اونا بگن... اون آشیخ از خدا بی‌خبر... اون مشهدی دوهزار رنگ... اون حاجی ریش سفید زمین‌خوار...

حاج قاسم: خفه شو... قاعده‌ی دهنت حرف بزن... اصلاً تقصیر این مردمه که به تو بی سر و پا رو دادن بری درس بخونی... ببینید امروز تو روی من می‌ایسته و فردا توی روی همه...

مشهدی آقا رضا: **(با زیرکی)** آخه شکمش سیر شده... به پول رسیده... خودش رو گم کرده... معلومه آدمی که

	پدر و مادر نداشته باشه و چیزی به خودش ندیده باشه، وقتی به یه چیزی می‌رسه خودش رو گم می‌کنه... مست می‌شه...
حاج قاسم:	خودش رو گم کنه... به درک... مست بشه... به فنار... دیگه بی‌احترامی‌کردنش به چیه...؟ اون به پدر و مادر و به جد و آباد ما تف و لعنت می‌فرسته... این رو دیگه نمی‌شه ندیده گرفت و حرف نزد...
آقای آزادی:	من می‌خوام راه درست زندگی کردن رو به شما یاد بدم که دهمون از دهات دیگه عقب نیافته... این گناهه...؟
میرزا حسین:	(با مسخرگی) بسه... بسه دیگه... می‌خوام راه زندگی کردن رو به شما یاد بدم... تو چه خری هستی که می‌خوای به ما چیز یاد بدی...؟
آقای آزادی:	آخه شماها چرا نمی‌خواید فکر کنید که لم دادن اینجا سر این پل تو سینه‌ی آفتاب و پشت سر مردم غیبت کردن هیچ نفعی برای شما نداره...؟
مشهدی آقا رضا:	(با عصبانیت) نفعش اینه که تو می‌خوری و گنده می‌شی و بعد تو روی بزرگترها که نون و نفقات رو دادن که از گرسنگی نمیری، می‌ایستی و بی‌احترامی می‌کنی...
مشهدی آقا رضا:	نگفتم اون دیوونه شده...؟ من از اول می‌دونستم... بابای تین به تین افتادش هم دیوونه بود... (رو به آقای آزادی) باید بار و بندیلت رو جمع کنی و از این ده بری... ببینید... کدخدای

محل شده... کلاهاتون رو بالاتر بذارید... باد کنید به خودتون...

حاج قاسم: غلط کرده که کدخدا شده... می‌زنیم تو سرش که ندونه از کجا بره...

چشم اصغر خبرچین به آشیخ میرزا که بیرون و پشت درخت‌ها پنهان شده و به محاکمه گوش می‌کرد، می‌افتد.

اصغر خبرچین: بابا پس مگه اون آشیخ میرزا آدم نیست... اومده روضه بخونه... بابا بذارید اون هم روضه‌ش رو بخونه... بیا آشیخ... بیا روضه رو شروع کن... دلمون برای گریه تنگ شده...

آشیخ میرزا با شنیدن صدای اصغر خبرچین کمی کنار می‌رود تا در دید او نباشد، ولی هنوز مشغول گوش کردن است.

اصغر خبرچین: اوه...! آشیخ غیب شد... نذاشتید روضه بخونه، قهر کرد و رفت پی مرگش...

عمو سیف: حاجی این باری که دارید می‌بندید خیلی سنگین و کجه و بالاخره می‌افته... شاید دیگه نتونی بار خرش کنی... درست فکر کنید... ببینید چکار می‌کنید... چشماتون رو باز کنید... شما مسلمونید... فردا یه وجب جا می‌خوابید...

مشهدی آقا رضا: اصلاً هر کاری دست خداست... تقدیریه که خدا معین کرده و کاریش هم نمی‌شه کرد... با خدا هم نمی‌شه جنگید... نه دست توست

عمو سیف نه دست من و حاجی... همه چیز رو خدا داده و خودش هم درست می‌کنه... اگر خدا نمی‌خواست ما اینجا جمع نمی‌شدیم...

آقای آزادی: **(استهزاء آمیز)** درسته... همه چیز رو خدا داده... مثل شکم... خودش هم سیرش می‌کنه... پس مگه شما مرض دارید که کار می‌کنید... بخوابید و پاهاتون رو هوا کنید و دهنتون رو هم باز کنید... خدا هر چی بخواید می‌ریزه توش و سیرتون می‌کنه...

حاج قاسم: معلومه که سیر می‌کنه...

آقای آزادی: پس اگه سیر می‌کنه، چرا همه‌ی شما مثل سگ و گربه دارید بهم می‌پرید...؟ چرا امروز جمع شدید تا من رو بیرون کنید...؟ همه چیز رو که خدا داده، پس خودش هم درست می‌کنه... حتی دیوونگی عزت پسر برادرت رو حاجی... پس چی می‌گی...؟ نکنه خدا...

حاج قاسم: کفر نگو کافر... آدم‌های دیگه‌ای هستن که حرف بزنن... توی دیوونه دیگه زر زر زیادی نکن...

میرزا حسین: آخه یکی نیست به این آدم بگُه که این ده بزرگ داره و تا بزرگترا هستن، این گه خوردنا به اون نیومده...؟

اصغر خبرچین: آره آقای آزادی... میرزا حسین راست می‌گه... تا آشیخ و مشهدی آقا رضا و حاجی و کدخدا اینجا هستن، این گه خوردنا به من و تو نیومده... اونا بزرگتر اینجان... اونا باید بخورن...

حاج قاسم، اصغر را با لگد بیرون می‌اندازد.

حاج قاسم: خفه شو پدرسوخته‌ی نفهم... قاعده‌ی دهنت حرف بزن...

کربلایی: آهای پسر... برو خونه‌ی ما و بگو یه قوری چای درست کنن و بردار بیار اینجا... برو بارک الله... بگو چای کربلا باشه... حاجی به دلت نگیر... از خل و دیوونه که نباید انتظار داشت... یه صلوات بلند هم برای خاطر حاجی ختم کنید...

صلوات ختم می‌کنند.

عمو سیف: اگه درویش اینجا بود، لااقل یه کاری می‌کرد... خدایا درویش رو برسون...

مشهدی آقا رضا: اصلاً من نمی‌دونم به درویش چه مربوطه که هر وقت میاد، خودش رو نخود هر آشی می‌کنه...

عمو سیف: به خاطر اینکه درویش مثل شما شیله پیله تو پوستش نیست... اون پاک و ساده‌س... با صفا و با محبته و مرد خداست...

حاج قاسم: درویش بیاد و نیاد برای ما فرقی نمی‌کنه... ما کار خودمون رو می‌کنیم... این معلم زناکار یا با پای خودش گورش رو گم می‌کنه و از این ده می‌ره و یا ما با ذلت و خواری بیرونش می‌کنیم...

خاتون درحالی‌که چادرش را دور کمرش می‌بندد، مثل شیرزن‌ها فریادش بلند می‌شود.

خاتون: آهای ناحاجی... کلات رو بالاتر بذار... بی‌انصاف‌ها

من هر چی دندون رو جگر می‌ذارم و حرف نمی‌زنم، عیصارتون درازتر می‌شه...؟ چرا می‌گید این بیچاره دیوونه‌س...؟ این شما هستید که اون رو دیوونه کردید... شما مگه از خدا نمی‌ترسید...؟ از غضب خدا لعنت می‌شید... توی آتیش جهنم می‌سوزید... حاجی مگه یادت رفته پیل بم دادی برم باهاش رو هم بریزم و بهش بگم دیوونه‌س... ای ناحاجی... اگر هم آقای آزادی دیوونه باشه با عزت پسر برادر تو چه فرقی داره...؟ چرا اون رو بیرونش نمی‌کنید...؟

مشهدی آقا رضا: حاجی از قدیم و ندیم مانده که می‌گن آدم باید از سه چیز پرهیز کنه، یکی سگ درنده و یکی دیوار شکسته و یکی هم زن سلیته...

خاتون حسین: آهای مشهدی آقا رضای هفت پستون... همه‌ی این‌ها زیر سر توی مفتن آب زیر کاهه... از این به بعد با من طرفی... با خاتون حسین...

میرزا حسین: اصلاً ما نفهمیدیم خاتون تو رفیق محمدی یا محله...؟

خاتون: من رفیق هیچ‌کدوم نیستم... من زن آقای آزادی‌ام... من زن همینم... چون حقیقت با اونه... حاجی ریش بزی این هم چوقطت... بگیر... چقد گوشت آوردی که صیغه‌ت شم... محل سگ هم بهت نذاشتم...

جمعیت شلوغ می‌کنند.

حاج قاسم (خطاب به مشهدی آقا رضا) این

کاراییه که تو می‌کنی... دسته گلای توست... ببین چه جوری آبروی ما رو می‌بری...؟

مشهدی آقا رضا: به من چه... حالا نمی‌خواد همه‌ی کاسه کوزه‌ها رو سر من خرد کنی... اصلاً مقصر این معلم زناکار بی‌دین الدنگه که این دروغ‌ها رو به اون یاد داده که آبروی ما رو ببره... که این زنیکه‌ی هرزه تو روی ما وایسه و هر چی دلش می‌خواد بار ما کنه... هر چی گفتیم دندونی که درد گرفت رو می‌کشن و می‌اندازنش سر قبر پدر پدرسوخته‌ش، گوش نکردید...

میرزا حسین: حالا مگه دیر شده...؟ ماهی رو هر وقت از آب بگیری تازه‌س... بد می‌گم عمو سیف...؟

عمو سیف: بابا شما که خودتون می‌برید و خودتون هم می‌دوزید... پس چرا مردم رو دور خودتون جمع کردید...؟ اگه می‌خواید مردم رو گول بزنید، بزنید... اما خدا رو نمی‌شه گول زد... اون همه چیز رو می‌بینه و می‌دونه... خدا غضبمون می‌کنه... مگه خشکسالی چجوری دامن‌گیر آدم می‌شه...؟

کربلایی: آره... برکت خرمن‌ها نصف شده... آب قنات‌ها هم نصف شده...

عمو سیف: آهای مشهدی عبدالله مواظب باش پل خراب نشه... برگردون خرهات رو... پسر برگرد پل خراب شد...

میرزا حسین: آقا رسول... آقا رسول بارش رو بنداز تو آب...

صدای شکستن و افتادن چوب‌ها در آب می‌آید.

آقای آزادی: پله... مردم باید ازش رد بشن...

حاج قاسم: به تو مربوط نیست... تو به کار خودت برس...

آقای آزادی: (با فریاد) چرا به من مربوط نیست...؟ مگه من حق زندگی کردن توی این ده رو ندارم...؟

مشهدی آقا رضا: (با فریاد) نه که نداری...

رسول از ته سالن وارد شده و با عجله خودش را به روی صحنه می‌رساند و کنار آقای آزادی می‌ایستد.

آقای آزادی: اگه این پل خراب بشه... این‌طرفیها از داشتن مسجد و مدرسه و آسیاب محروم می‌شن و اون‌طرفیها از حموم و درمانگاه و حسینیه... از چرک می‌پوسید... بوی تعفن می‌گیرید... آسیاب ندارید که گندماتون رو آرد کنید... مسجد ندارید نماز بذارید... همه‌ی مردم ده محکوم به فنا می‌شن...

کربلایی: یا امام زین العابدین بیمار که آمدم پابوست... دستم به دومنت... تو خودت کمک کن... ما رو از شر این زناکار دیوونه خلاص کن...

آقای آزادی: مرد حسابی اگر امام زین العابدین می‌تونست کمک کنه، چرا به خودش کمک نکرد که یه عمر مریض بود و بالاخره هم مریضیش کشتش...؟

مشهدی آقا رضا: ببینید مردم... دیگه این زناکار بی‌حیای بی‌دین انقدر عیسارش دراز شده که به امام زین العابدین هم اهانت می‌کنه و شما همین‌جور

نشستید... خاک عالم بر سرتون...

عمو سیف: بالاخره آخرش چی حاجی...؟ بالاخره باید یک فکری برای این پل کرد...؟

حاج قاسم: یک فکر حسابی...

مشهدی آقا رضا: حاجی تو چرا به حرف این شریک دزد و رفیق قافله گوش می‌دی...؟ آخه یکی نیست بپرسه پل درست کردن و این حرف‌ها به معلمی چه...؟

کربلایی: بابا چه معلمی... اینا همش تو مدرسه دارن سوار سواری می‌کنن...

رسول: حق شما همینه و بیشتر از این هم نیست...

حاج قاسم: چه حقی...؟

رسول: عقلی که خدا بهتون داده و زحمتی که ما براتون می کشیم . . .

عمو سیف: خدا شاهده که این هم زیادیه...

حاج قاسم: خبه خبه... تو دیگه کاسه‌ی داغ‌تر از آش نشو... خفه بمیر... شما دیگه حق ندارید اینجا معلمی کنید... گورتون رو گم کنید و از اینجا برید... ما معلم نمی‌خوایم... بچه‌های ما باید درس بخونن...؟ نمی‌خوایم بخونن... می‌خوایم بچه‌هامون بیسواد باشن... مگه زوره...؟ مگه اینجا گردنه‌س...؟ نمی‌خوایم بیان مدرسه... هرّی... هرّی... خوش اومدید... یاالله... بارو بندیلیتون رو جمع کنید و هر گوری که می‌خواید برید... یاالله...

رسول: ما زیر دستور شما نیستیم... ما اداره داریم... رئیس

داریم... من همین امروز اونجا بودم و گزارش رو به اداره دادم... ما از اون‌ها فرمان می‌گیریم نه شما حاجی...

آزادی تصدیق می‌کند.

آقای آزادی: بله... اون‌ها باید به ما دستور بدن نه شما... هیچ غلطی هم نمی‌تونید بکنید...

مشهدی آقا رضا: ما رئیس مئیس و اداره مداره نمی‌شناسیم... بچه‌های ما باید بیان درس بخونن...؟ نمی‌ذاریم بیان... اختیار بچه‌هامون رو که داریم...؟

یکی از پسربچه‌ها:

من می‌رم مدرسه... به حرف بابام هم گوش نمی کنم . . .

پسربچه۲: من هم همین‌طور... می‌رم مدرسه... بابام بی‌سواده... من نمی‌خوام بی‌سواد باشم...

مشهدی آقا رضا: برید بزنید هشت در اون بچه‌های از راه به در شده رو دربیارید تا دیگه از این گوه‌خوریا نکنن... بده قدرت... پس معطل چی هستی...؟

قدرت و یکی دو نفر دیگر چوب به‌دست به‌طرف بچه‌ها حمله‌ور می‌شوند عمو سیف مثل شیر از جا بلند شده و جلوی آنها می ایستد.

عمو سیف: قدرت دست به یه بچه بزنی دستت رو با چاقوی قصابی قطع می‌کنم، همه ساکت می‌شوند. قدرت به مشهدی آقا رضا نگاهی می‌اندازد. حاج قاسم که پای چراغ را تاریک می‌بیند، صدایش

بلند می‌شود.

حاج قاسم: قدرت بره بنشین سر جات... بچه‌ی نادون که زدن نداره...

قدرت رفته و عصبانی کنار مشهدی آقا رضا می‌نشیند. عمو سیف به‌طرف قصابی رفته و درحالی‌که مشغول قفل کردن آن می‌شود، رو به حاج قاسم می‌کند.

عمو سیف: حاجی این خری را که داری می‌بری رو پشت بوم، حالیت باشه که یه روزی باید بیاریش پایین... مواظب باش که خره انقدر گنده نباشه که نتونی بیاریش پایین... گول این آدم‌های مثل این مشهدی آقا رضای مفتن و اون آشیخ میرزای هفت رنگ رو نخور... اینا نه به دین اعتقاد دارن و نه به فکر من و تو هستن... از سادگی تو استفاده می‌کنن تا کارشون رو بکنن... چشمات رو وا کن حاجی... یادت باشه چی گفتم... خرشون که از پل رد شه، تو اولین کسی هستی که چاقو تو قلبت فرو می‌کنن... گول این آدمای هفت رنگ رو نخور... هر خاکی به سر خودتون و بقیه می‌کنید، بکنید... اما به این بچه‌های معصوم کاری نداشته باشید... بذارید برن مدرسه و درسشون رو بخونن و آدم بشن... دین واقعی اینه حاجی، نه مسجد رفتن و نماز و روزه...

عمو سیف به‌طرف آقای آزادی حرکت کرده و به او که می‌رسد، دست او و رسول را گرفته و با خود از صحنه بیرون می‌برد.

عمو سیف: بیا آقای آزادی... آقا رسول، خاتون خانم... بیاید برید پدر جان... به درس دادنتون برسید... این برای من و شماها تنبون نمی‌شه... بیاید...

آقای آزادی، رسول و خاتون و عمو سیف و بچه‌ها از صحنه خارج می‌شوند. همه چندی ساکت به هم خیره می‌شوند.

میرزا حسین: دلیم دام دام دارام دام... مجرم که هیچ‌کس رو آدم حساب نکرد و رفت... حالا ما کی رو باید محاکمه کنیم...؟

کربلایی: دوره‌ی آخر الزمون شده... مگه اینکه امام زمان بیاد و کار رو درست کنه...

آشیخ میرزا: امام زمان خود شما هستید... البته تا ظهورش...

همه برمی‌گردند و آشیخ میرزا را می‌بینند که بالاخره از مخفیگاهش که در تمام این مدت در آنجا به جار و جنجال مردم و آقای آزادی گوش می‌داد، بیرون آمده بود.

حاج قاسم: آشیخ... پس چرا زیدتر نیامدی... بعد از مرگ امام حسین پیدات شد...؟

آشیخ میرزا: گرفتار موال مسجد بیدم... خراب شده... خیلی کردم درستش کنم، اما تنهایی نمی‌شه... کمک می‌خوام...

کربلایی: موال مسجد...؟ پس آشیخ چرا زیدتر نگفتی... یاالله راه بیافتید بریم موال مسجد رو درست کنیم... ثواب داره... ارج و قربش نصیبتون می‌شه... بهشت

رو برای خودتون می‌خرید... راه بیافتید... خودش مثل یه زیارته...

اصغر خبرچین: آره... خودش مثل زیارت کرب و بلاست... یالله راه بیافتید... پس معطل چی هستید...؟

همه به‌طرف مسجد راه می‌افتند؛ اما با فریاد مشهدی آقا رضا می‌ایستند.

مشهدی آقا رضا: (با فریاد) بابا خرتون رو شیش کنید... اول باید تکلیفتون رو با این معلم زناکار و بی‌دین روشن کنید... حالا آشیخ میرزا نماینده‌ی امام... حاج قاسم پیر و ریش سفید و بزرگ ده... هر دو اینجان... بهترین وقته که مردم تکلیفشون رو بدونن... آشیخ شما که نماینده‌ی امام هستی، تکلیف مردم رو روشن کن...؟

آشیخ میرزا: این چراغ هم به خانه حرام است، هم به ده و هم به مسجد خدا... باید خاموش شه... کسی که به امام خودش... امام شیعیان... زین العابدین بیمار... اهانت کنه... فتواش مرگه...

مشهدی آقا رضا: آشیخ تو از کجا می‌دونستی که اون به امام زین العابدین بیمار اهانت کرده...؟ تو که داشتی موال مسجد رو تعمیر می‌کردی و اینجا نبیدی...

آشیخ میرزا: مرد خدا، همه چیز براش آگاهه و بهش وحی می‌شه... پس برای چی کار موال رو نیمه‌کاره گذاشتم و اومدم اینجا...

یکی دو نفر رفته و دست آشیخ را می‌بوسند.

میزا حسین: بالاخره آخرش که چی...؟ چه کار باید کرد...؟

مشهدی آقا رضا: مگه کر بیدی... آشیخ فتوای جهاد داد... تا دیر نشده باید از شر هر دوی آنها... آزادی و اون زن هرزه، خاتون، برای همیشه خلاص شد... خودتون که دیدید اون رسول هم بوی آزادی گرفته...

حاج قاسم: بهش می‌گیم باید از اینجا بره...

یکی از اهالی: اگه نرفت چی...؟

حاج قاسم: کاری نداره... خب مردم رو جمع می‌کنیم و می‌گیریم و می‌اندازیمش بیرون...

کربلایی: اگه برگشتن چی...؟

مشهدی آقا رضا: اون‌وقت حکم فتوای جهاد آشیخ رو اجرا می‌کنیم... همه‌ی مردم رو جمع می‌کنیم و می‌ریزیم سرشون و تیکه تیکه‌شون می‌کنیم... درست مثل اون پسره... یادتونه...؟ مگه یادتون رفته که مردم ریختن سرش و تیکه تیکه‌ش کردن... بلای همون پسر رو سرش می‌آریم...

میزا حسین: مشهدی... مسئول قتل شناخته می‌شیم...

آشیخ میرزا: وقتی همه‌ی مردم این کار رو بکنن، کسی نمیاد یک ده رو خالی کنه و ببره زندان... در ثانی مگه شما مسلمون نیستید و حکم فتوا و جهاد رو نمی‌دونید...؟ پس چجوری می‌خواید بهشت رو برای خودتون بخرید... باید سرباز امام باشید تا بهشت رو برای خودتون بخرید...

اصغر خبرچین: آره... اگر سرباز امام نباشی که مسلمون نیستی و

بهشت نمی‌ری...؟

آشیخ میرزا: مرحبا به اصغر... سرباز امام که می‌گن همینه... اصغر سرباز امام زمان، خودش اینجاست و خودش هم فوری خبر رو به همه می‌رسونه و اجرشم خریدن بهشت برای خودشه...

اصغر خبرچین: آره... خودم همه رو خبر می‌کنم...

مشهدی آقا رضا: بارک الله اصغر آقا... آقای سربازان امام... بیا... بیا این نقل‌ها رو برای تو آوردم... باز هم تو خونه دارم... بیا خونه بهت میدم... حالا برو... برو خبر رو بگو...

اصغر خبرچین: باشه مشهدی... تا آفتاب به کوهه، همه‌ی مردم خبردار می‌شن... من رفتم...

اصغر خبرچین فریادزنان و دوان دوان خارج می‌شود.

اصغر خبرچین: آقای آزادی زناکار باید کشته بشه در راه خدا... حکم فتوای امام آشیخ میرزا داده شده... مردم برای رفتن به بهشت به راه بیافتید و آدم بکشید...

آشیخ میرزا: انشاءلله که شما مسلمونا موال مسجد یادتون نرفته باشه...؟

مشهدی آقا رضا: نه که نرفته... مردم راهی مسجد شید...

کربلایی از مردم می‌خواهد صلوات بلند ختم کنند و همه در حال فرستادن صلوات به‌دنبال حاج قاسم و آشیخ میرزا به راه می‌افتند. دست مشهدی آقا رضا پاچه‌ی شلوار قدرت را که بلند

شده بود برود با احتیاط گرفته و می‌کشد و قدرت می‌نشیند.

مشهدی آقا رضا: آشیخ میرزا، این آقا قدرت یه امر خصوصی دینی با شما داره... حاجی شما برید به مسجد برسید... آشیخ خودش رو زید می‌رسونه...

همه خارج می‌شوند. آشیخ میرزا به‌طرف مشهدی آقا رضا می‌رود...

مشهدی آقا رضا: خدمت شما عرض کنم آشیخ میرزا که این آقا قدرت ما خیلی دلش می‌خواد صاحب کسب و کار بشه... مثلاً قصابی... من هم می‌گم چرا که نه... مگه اون چیش از عمو سیف کمتره...؟ دین‌دار نیست...؟ که هست... من هم فکر کردم که با شما که مرد خدا هستید، مشورت کنه و شما راهنمایش کنید که هم صاحب اجر دنیا بشه و هم صاحب بهشت آخرت... برای همین هم فکر می‌کنم بهترین آدم برای اجرای اون امر الهیه که به شما وحی شده و شما با من در میون گذاشتید...

آشیخ میرزا: من هم همین‌جور فکر می‌کنم... بیا خونه تا بهت بگم چه کار باید بکنی...

مشهدی آقا رضا: آشیخ من براش گفتم... آقدرت حاضره... آخه کیه که نخواد هم دنیاش رو داشته باشه و هم آخرتش رو... آخه خدا رو خوش نمیاد که عمو سیف تو در و همسایه و جلوی مردم این‌جوری آقا قدرت رو کوچیک و خار کنه... آدم با دشمن خودش هم این کار رو نمی‌کنه...

آشیخ میرزا: پس معطل چی هستی آقا قدرت... شب تاریک که شد بیا خونه... در نزن... من در رو باز می‌ذارم بیای تو... فقط یه مقدار غذا رو می‌بری در خونه‌ی عمو سیف... در می‌زنی و بهش می‌گی که غذای نذریه... بعد هم ازش معذرت‌خواهی می‌کنی و به‌به و چه‌چهش رو می‌گی و می‌ری پی کارت...

مشهدی آقا رضا: البته باید خیلی احتیاط کنی که بی سر و صدا باشه و همسایه‌ها صدات رو نشنون... بعد هم آشیخ با دعاهاش دنیا و آخرت رو برات درست می‌کنه **(به قصابی عمو سیف اشاره می‌کند)**... دنیا رو چی دیدی آقا قدرت... شاید هم به زودی آقا قدرت با چاقوی قصابیش و تو قصابی خودش گوسفند سر ببره...

آشیخ میرزا: حتماً که همین‌طوره... شکی به امر خدا نکن مشهدی... هرکی امر به معروف و نهی از منکر خدا رو اجرا کنه، هم دنیاش رو داره و هم آخرتش رو... حتماً که صاحب قصابی می‌شه... کی بهتر از آقا قدرت... شب بیا... من باید برم به موال مسجد برسم... نمی‌شه مردم رو بیشتر معطل کرد...

مشهدی آقا رضا: آره آشیخ... بره... قدرت هم باهات میاد که ثواب ببره... تو راه هم حرفت رو باهاش بزن...

آشیخ میزا و قدرت خارج می‌شوند. مشهدی آقا رضا نگاهی به قصابی عمو سیف می‌کند.

مشهدی آقا رضا: آفتاب تو دیگه غروب کرد عمو سیف... در دکونت بسته شد...

بعـد هـم یـک دسـت ورق از جیبـش درآورده و شـروع بـه بـر زدن می‌کند و اطراف را بـرای یافتن کسـی کـه بـا او بـازی کنـد، وارسـی می‌کند.

مشهدی آقا رضا: بـه ورق بازیمـون برسـیم... اقـلاً وقتـی بـازی می‌کنیـم، غیبـت نمی‌کنیـم...

نور کم و صحنه تاریک می‌شود.

پایان پرده پنجم

پرده ششم

شب است و نور مهتاب همه‌جا را روشن کرده است. آقای آزادی جلوی صحنه نشسته و متفکر به دوردست و پل خیره شده است. خاتون وارد می‌شود. حالش چندان خوب نیست و انگار حواسش پرت است.

صدای مرد۱: (از بیرون) آقای آزادی دیوونه شده... زناکاره...

صدای مرد۲: (از بیرون) تو مدرسه با خاتون زنا کرده... پس مسلمونی ما کجا رفته...

آشیخ میرزا: (از بیرون) باید حکم قصاص مسلمین برای هر دو اجرا بشه که درس عبرت دیگران بشه... وگرنه ما مسلمون نیستیم... تو مدرسه با خاتون زنا کرده... باید هر دو کشته بشن...

صدای زن۱: (از بیرون) خب بزنید از ده بیرونش کنید...

مشهدی آقا رضا: (از بیرون) مرد این زن کیه که چارقد سرش کرده و به زنش اجازه داده انقدر وقیح حرف بزنه... یه نفر بره به این زنه یاد بده که زن باید یه پشکل پر چارقدش ببنده و وقتی پشکله حرف زد، زنه هم حرف بزنه...

صدای مرد۳: (از بیرون) اینا همش بخاطر این آزادی و خاتون بی‌دین و ایمونه که روی بقیه رو هم واکرده... تا از بین نرن، بدتر از اینش رو هم می‌بینیم...

صدای پسر۱: (از بیرون) شما حالیتون نیست... بی‌سوادید... آقای آزادی معلم خوبیه... شما خرید... نمی‌فهمید...

صدای مرد۳: (از بیرون) بزن تو سر این بچه‌ی از دین برگشته... مگه نشنیدید که حکم فتوا داده شده و مرگش واجبه...

صدای پسر۲: (از بیرون) آخ سرم... چرا می‌زنی...؟ دروغ نمی‌گم... اون سالمه... دیوونه شمایید... دروغه... آقای آزادی سالم سالمه... هیچیش نیست...

صدای مرد۳: (از بیرون) تا وقتی اون معلمه تو این مدرسه باشه، هیچ‌کس نمی‌ذاره بچه‌ش مدرسه بره... مگه اون از اینجا بره...

آقای آزادی: این ظلمه به بچه‌هاتون... دیوانگیه...

خاتون وارد شده و در جستجوی آقای آزادی است. با دیدن آقای آزادی، با او شروع به بازی گراز در زنجیر می‌کند.

خاتون: آقای آزادی چی شده...؟ زنجیرهاتو پاره کردی و در رفتی و قایم شدی...؟ انقدر فکر نکن... به هیچ جا نمی‌رسی... ول کن... بیا به بازی‌مون ادامه بدیم...؟

آقای آزادی: وقتی که اون‌ها دارن انقدر به بچه‌هاشون ظلم می‌کنن، چجوری می‌شه فقط نشست و بازی

	کـرد...؟
خاتون:	تو هم داری به خودت ظلم می‌کنی...؟ اصلاً حواست پرت شده... من حتم دارم تو عوض شدی...؟
آقای آزادی:	من عوض شدم...؟ حواسم پرت شده...؟

خاتون به بازی‌اش ادامه می‌دهد.

خاتون:	خب آره... اگه نه، پس مردم چرا این حرف‌ها رو می‌زنـن...؟
آقای آزادی:	(متفکرانه) مردم چی می‌گن...؟
	(سکوت)
خاتون:	خب می‌گن تو دیوونه و خل شدی و خطرناکی... آره... خطرناکی... زنا می‌کنی... برای همین هم نمی‌ذارن بچه‌ها بیان مدرسه... می‌گن آقای آزادی خل شده... خطرناکه... آره... خطرناکه...
آقای آزادی:	تو چی...؟
خاتون:	من دیگه عقلم به جایی قد نمی‌ده... گاهی خلی و گاهی عاقل... بیشتر طرف خلی...
آقای آزادی:	نکنه راستی راستی من دیوانه شده باشم و خودم ندونـم...؟

آقای آزادی در فکر فرو می‌رود.

خاتون:	تو دیوانه‌ای، ولی دوات رو من دارم... تو زن می‌خوای... دوات زنه... (**آزادی مات و مبهوت به خاتون نگاه می‌کند**) چرا این‌جوری به من

	نگاه می‌کنی...؟ این جوری نگاه نکن... زنت نمی‌شَما... به چی فکر می‌کنی...؟ فکر نکن... پیر می‌شی... جوون که نباید فکر کنه... آدم تا جوونه باید از جوونیش خوشی ببره...
آقای آزادی:	پس می‌گی من دیوونه‌ام...؟
خاتون:	گفتم که من از قول خودم نمی‌گم... مردم می‌گن تو دیوونه‌ای... آخه اینجا تو از همه‌ی مردم ده بریدی و همه هم از تو... یعنی همه‌ی مردم ده یه طرفن و تو یه طرف دیگه... خب هر کسی باشه توی شک می‌افته که طرف تو رو بگیره یا طرف مردم رو...
آقای آزادی:	حق با منه یا با اونا...؟ (سکوت) اما حق با منه...؟ تو این رو قبول نداری...؟
خاتون:	چرا من قبول دارم که تو بیشتر از اونا می‌فهمی... اما نمی‌شه تمام مردم ده رو گذاشت یه طرف و تو رو هم یه طرف دیگه... آخه تو باید قبول کنی که آدم یه وقتایی مجبوره یه چیزایی رو قبول کنه... شاید هم دلش نخواد، اما مجبوره... مثل زن گرفتن...
آقای آزادی:	هی نچسب به من... مردم برامون حرف درمیارن...
خاتون:	گور پدر مردم... حرف دربیارن... تازه اونها خودشون سر تا پا حرفن... تازه اگه این پدرسوخته‌ها خودشون آدم باشن، چرا چشم‌بسته همه چیز رو قبول می‌کنن...؟ اگه آدم باشن چه کار به کار ما دارن که حرف در بیارن...؟ چرا نمی‌ذارن

بچه‌هاشون بیان مدرسه و آدم بشن...؟

آقای آزادی در فکر فرو رفته و به شک می‌افتد.

خاتون: دوباره به چی فکر می‌کنی...؟

آقای آزادی: نکنه راستی راستی من دیوونه باشم و خودم هم ندونم...؟ نکنه در اثر خنده‌ی زیاد مریض شده باشم...؟

خاتون: تو می‌تونی خودت رو امتحان کنی... اما من می‌گم تو دیوونه‌ای... اگه نیستی که گور پدرشون... همه چیز رو ول کن و بیا خونه‌ی من... خودم بهت می‌رسم و اگه دیوونه شده باشی هم خودم عاقلت می‌کنم...

آقای آزادی: (با عصبانیت) نه... نه من دیوونه نیستم... من عاقلم... اونا خودشون دیوونه‌ان...

(مکث)

آقای آزادی: من با مردم ده فرق دارم... من بیشتر از همه‌شون می‌فهمم... بخاطر همینه که از من عصبانی‌اند....

خاتون: شاید هم هنوز خاطرات زمانی که بابای خدا بیامرزت رو می‌بستن به درخت و می‌زدنش تا خون ازش می‌اومد رو تو قلبت و تو فکرت نگه داشتی و حالا برگشتی اینجا که از اونها انتقام بگیری... انتقام ظلمایی که در حق بابات کردن... نگفتم تو دیوونه‌ای... آخه از قدیم و ندیم مونده که همه باید آدم‌ها رو ببخشن... باید به بزرگترا احترام بذارن... حتی منم به بزرگترا احترام می‌ذارم...

صدای عرعر خری از بیرون بلند می‌شود. سر خاتون به‌طرف صدا برمی‌گردد و به بازی ادامه می‌دهد.

خاتون: مثلاً احترام به این خره... اما تو این هم یادت رفته... نکنه تو خل شدی و خودت هم نمی‌دونی...؟

بعد از چند لحظه سکوت، خاتون شوخی و بازی‌اش را با آقای آزادی ادامه می‌دهد. دور او می‌چرخد و سوکش می‌دهد. آقای آزادی از خاتون فرار می‌کند و خاتون او را دنبال کرده و بازی‌اش را ادامه می‌دهد.

خاتون: خل... خل... دیوونه... دیوونه... تو اگه دیوونه نباشی... خل نباشی... چرا به انتقام فکر می‌کنی...؟ پس تو زور خودت رو می‌زنی نه بچه‌ها رو... نگفتم دیوونه‌ای... خلی...

آقای آزادی: نه... نه...

خاتون: دیوونه... تو خل شدی... دیوونه شدی...

آقای آزادی: (با فریاد) ول کن منو... من بازیم نمیاد... دیوونه هم نیستم... بس کن...

خاتون: چرا تو دیوونه‌ای... دیوونه... آره... خلی... خودت هم نمی‌دونی... از خنده‌هات معلومه... اگه دیوونه نباشی با من میای و شوهر من می‌شی... شاید هم خودت رو به دیوونگی زدی...؟

در کشمکش بازی تعادل آنها بهم می‌خورد

و آقای آزادی زمین می‌خورد و خاتون روی او می‌افتد. چندی چشم در چشم در سکوت محو هم می‌شوند. خاتون کم‌کم بلند می‌شود. آقای آزادی کاملاً عوض شده و نمی‌تواند درست فکر کند. گویی راستی راستی دیوانه و گراز شده است.

آقای آزادی: **(با لحنی جدی)** پس من دیوانه‌ام... **(سکوت می‌کند و بعد می‌خندد)** نکنه من دیوونه باشم و خودم هم ندونم...؟ **(سکوت کرده و می‌اندیشد)** پس مردم ده چی...؟ دیوونه نیستن...؟

خاتون: نگفتم خل شدی... وگرنه می‌دونستی اونا یه عمریه که خل و دیوونه شدن... اگه نبودن که به این چرت و پرتای آخوندا گوش نمی‌کردن و پشت سر مردم صفحه نمی‌ذاشتن که کی چی کار کرده و کی نکرده... کی دین‌داره و کی بی‌دینه... کی جهنم می‌ره و کی نمی‌ره... کی چی داره و کی چی نداره... کی فقیره و کی پولداره...

آقای آزادی: من هم اولش هیچی نداشتم... تو این ده نوکر بودم... بعد رفتم شهر نوکر شدم... خانم اربابم خیلی مهربون بود... به من درس داد و تصدیق ششم رو برام گرفت و خودش تو فرهنگ استخدامم کرد... بعد گفتم می‌خوام معلم ده خودم بشم و به ده خودم خدمت کنم، اما اون بیچاره گفت اون‌جا بمونم... گفت موقعیت دارم که ترقی کنم... اما من نمی‌تونستم نیام... مثل اینکه محکوم شده بودم

بیام اینجا... محکوم سرنوشت... محکوم این ده...

خاتون: نگفتم تو دیوونه‌ای... خلی... نگفتم...؟ آخه آدم شهر رو ول می‌کنه بیاد تو ده...؟ من می‌دونستم تو خلی... دیوونه‌ای...

آقای آزادی: من از این کلمه بدم میاد... خواهش می‌کنم هی تکرارش نکن...

خاتون: معلومه آدم از چیزی که هست بدش میاد...

آقای آزادی جلوی سن زانو زده و خاتون نزدیک او رفته و سر و صورت او را نوازش می‌کند. با حس کردن دست خاتون، آقای آزادی آرام شده و حس شوخی عاشقانه‌اش دوباره زنده می‌شود و تصمیم می‌گیرد که با خاتون مزاح کند و ادای گراز و حیوانات را دربیاورد و به سیم آخر بزند. بازی آنها با رفتن تدریجی نور و برگشتن دوباره‌ی نور ادامه پیدا می‌کند و وقتی نور دوباره عادی شد، در طول این تغییر نور و با گذشت زمان این تقلید و بازی آنها روی آقای آزادی اثر می‌گذارد و کم‌کم همانی می‌شود که آن را تقلید می‌کرد.

خاتون: تو دیگه مثل دیوونه‌هایی که حیوون شده باشن فکر می‌کنی... مثل قوچایی که دوتا شاخ پیچ در پیچ رو سرشون دارن و هی می‌خوان میشارو شاخ بزنن... من همون میشی‌ام که تو باید و می‌خوای شاخش بزنی...

آقای آزادی: تو شاخای منو می‌بینی...؟

(مکث)

خاتون: آره... دو تا هم هستن...

آقای آزادی: دو تا شاخ دارم مثه قوچ... نه... مثه گاو... گنده‌تر از گاو... مثه شتر...

خاتون: شتر که شاخ نداره...

آقای آزادی: نداره...؟

خاتون: نه...

آقای آزادی: مثه گراز...

آقای آزادی بلند می‌شود و چهار دست و پا راه می‌رود و صدای گراز درمی‌آورد و باز به خاتون می‌رسد و شروع به شاخ زدن خاتون می‌کند.

آقای آزادی: حالا قدرت من از همه بیشتره... دیگه کسی نمی‌تونه با من برابری کنه...

خاتون: اما... اما... تو دیوونه هستی و گراز... گراز وحشی و خطرناک... ممکنه من رو شاخ بزنی و بکشی... من باید تو رو زنجیرت کنم که خطرناک نباشی...

آقای آزادی: اون‌وقت من زنجیرو پاره می‌کنم و می‌چسبم به تو...

خاتون: منم تو رو بغل می‌کنم که در نری... باید یه زنجیر پیدا کنم... زنجیر بزرگی که پاره نکنی تا خطرناک بشی و منو زخمی کنی... صبر کن...

خاتون از صحنه خارج می‌شود تا به‌دنبال زنجیر بگردد. آقای آزادی به‌طرف او و بیرون داد می‌زند.

آقای آزادی:	گنده‌ترینش رو پیدا کن...
خاتون:	(از بیرون) زنجیر گاو رو دوست داری یا خر...؟
آقای آزادی:	فرقی نمی‌کنه...

خاتون وارد می‌شود و دو تکه زنجیر با خودش آورده و مشغول بستن زنجیرها به آقای آزادی می‌شود و بازی آنها ادامه پیدا می‌کند. نور کم و قرمز است و کم و کمتر می‌شود.

خاتون:	هم مال خر رو آوردم... هم مال گاو رو...
آقای آزادی:	تو که عیسار گاوه و خره رو از سرشون کندی و آوردی... حالا ول می‌شن تو شبدرا و انقدر می‌خورن که باد کنن و بترکن...
خاتون:	پس فکر می‌کنی بخاطر چی اسمشون رو گذاشتن گاو و خر...؟

خاتون آقای آزادی را زنجیر کرده و سر زنجیرها را در دستش دارد و بازی آنها هم ادامه دارد. خاتون موهای آقای آزادی را نوازش می‌کند.

آقای آزادی:	شاید هم بد نباشه گراز بشم و دیوونه...
خاتون:	اون وقت مردم هم ازت می‌ترسن و بهت کاری ندارن...

آقای آزادی چندی خیره به چشم‌های خاتون نگاه می‌کند.

خاتون:	به چی نگاه می‌کنی...؟ نگران نباش... جوش نزن... من دردت رو می‌فهمم... زن بگیر... عاقل

می‌شی...

آقای آزادی: من دیوونه‌ام... خلم... کی زنم می‌شه...؟

خاتون: همه...

آقای آزادی: تو زنم می‌شی...؟

خاتون: خب آره... چرا نمی‌شم...

خاتون هنوز به نوازش آقای آزادی ادامه می‌دهد.

آقای آزادی: اون‌وقت بچه‌هامون چی...؟ اونا هم دیوونه به دنیا میان... یا حیوون...

خاتون: خوبیش به همینه که اگه حیوون به دنیا بیان، دیگه هیچ چیز نمی‌فهمن و کمتر غصه می‌خورن...

آقای آزادی: اما من دیوونه شدم... یادم رفته وقتی زن می‌گیرم باید چیکار کنم...

خاتون: خودم یادت می‌دم چیکار کنی...

آقای آزادی: درسش چیه...؟ جغرافیا باید خوند یا تاریخ...؟ ریاضیات هم می‌خواد...؟ حساب و هندسه...؟ چهار عمل اصلی...؟ من جغرافیا رو خوب بلد نیستم...

خاتون: معلم خودش بلده چی درست بده... یادت می‌دم که مثه گرازا برقصی و شاخ بزنی...

خاتون دست آقای آزادی را می‌گیرد و مشغول یاد دادن رقص گرازی به او می‌شود و با فرم رقص با هم بازی و شوخی می‌کنند. نور هم به رنگ‌های مختلف تغیر می‌کند.

آقای آزادی: اون‌وقت من شاخ می‌زنمت... شاخام خیلی بلند و قوی شده... هیکلم هم باد کرده... ببین... اندازه‌ی یه فیل شده...

خاتون: می‌دونم...

بعد از کمی رقص و شادی، جلوی سن زمین می‌خورند.

خاتون: تو دیگه نمی‌تونی چیزی بفهمی... اصلاً آدم دیوونه‌ی گراز شاخ‌دار که این‌قدر حرف نمی‌زنه... بیا بریم خونه‌ی من تا شاخات رو درست کنم... تیزشون کنم...

خاتون، آقای آزادی را گرفته و کمکش می‌کند و به‌طرف سمت چپ صحنه آرام حرکت می‌کنند.

آقای آزادی: تو شاخای منو تیز می‌کنی...؟

خاتون: آره...

آقای آزادی: اون‌وقت با هم از رودخونه رد می‌شیم و من این پل رو با شاخم که تو تیز کردی خراب می‌کنم تا مردم نتونن دنبال ما بیان... با هم می‌ریم توی بیابون‌ها... توی کوه‌ها...

خاتون: بالاخره یه جا...

آقای آزادی: آره... بالاخره یه جا... من تو رو می‌گیرم...

خاتون: منم درسِت میدم...

آقای آزادی: با هم زندگی می‌کنیم... مثل حیوونا...

خاتون: مثه پرنده‌ها پر می‌زنیم و میایم بالای ده...

آقای آزادی: اون‌وقت می‌بینیم که همه‌ی مردم مُردن...

خاتون: اگه مردم نمرده باشن، ما رو با تیر و کمون می‌زنن و می‌کشن... من نمی‌خوام بمیرم...

آقای آزادی: اصلاً میریم تو... توی دریاها... اونجا دیگه مردمش مردم ده نیستن که بکُشنمون...

خاتون: پس بیا... بیا بریم شاخت رو تیز کنم...

آقای آزادی: اگه شاخم شکست چی...؟

خاتون: شاخ آزادی هیچ‌وقت نمی‌شکنه...

آقای آزادی: چرا نمی‌شکنه...؟

خاتون: بخاطر اینکه... بخاطر اینکه تو من رو شاخ خودت کردی... من حالا شاخ توام... باید بیشتر به من یاد بدی... وقت کمه...

نور روی آقای آزادی و خاتون می‌میرد و آنها ناپدید می‌شوند.

پایان پرده ششم

پرده هفتم

نور، مهتابی است. درویش از انتهای سالن وارد می‌شود، چوبی در یک دست و کیسه‌ای در دست دیگر دارد. پریشان است و زیر لب شعری را زمزمه می‌کند.

قدرت

درویش:

گفتند مرا زانگه که آمد هوشم   کز عدل الهی می حق می‌نوشم
بنگر به دل خسته‌ی زارم تو دمی   دل در پیری و من هنوز می ناحق نوشم

درویش روی سن آمده و کنار قصابی عمو سیف می‌نشیند و در فکر است. صدای لا اله الا الله از بیرون بلند می‌شود. رسول پریشان از مدرسه خارج شده و به دوردست و طرف صدا خیره می‌شود.

درویش: قافله همه بیدارند و قافله سالار در خواب...

رسول با دیدن درویش خوشحال شده و به‌طرف او می‌رود.

رسول: تویی درویش...؟ خیلی زودتر از این‌ها منتظرت بودیم... درویش بعد از مرگ سهراب اومدی... ولی حالا که اومدی خوش اومدی... عمو سیف خیلی منتظرت بود...

درویش: بودن و نبودن و رفتن و نرفتن من دیگه برای عمو فرقی نمی‌کنه... عمو سیف با نور یکی شده...

صدای آواز مرثیه‌خوانی از بیرون می‌آید وکم‌کم بلندتر می‌شود.

مرثیه‌خوان (از بیرون):

رفتی عمو سیف در شهر سپید

شاید در آنجا رنگ حق رو دیدی

در شهر سیاهی کشتند به زاری

زنجیر ستم بستند بر تنت به خواری

رسول: درویش این دنیا هیچ وفایی نداره، قائده و قانونی نداره... نگاکن... کی باور می‌کرد عمو سیف شب سالم سالم بخوابه و صبح دیگه بلند نشه... می‌گن تو خواب سکته کرده... اما کف کردن دهنش بخاطر چی بوده، نمی‌دونم... درویش عمو وصیت کرده که مرده‌ش رو توی مدرسه خاک کنن... برا همین هم داشتم با یکی دوتا از بچه‌ها و دور از چشم مردم قبرش رو می‌کندم... اگه این مردم بفهمن به مُردش هم رحم نمی‌کنن...

درویش: عمو رفت و از محنت این دنیا راحت شد... باید به فکر زنده‌ها بود... آقای آزادی...؟

رسول: همه‌ی ده رو چندبار گشتم... پیداش نکردم... چند وقتی می‌شه که سربه‌نیست شده... انگار آب شده و رفته تو زمین... آشیخ میرزا فتوا داده و گفته اون محارب با خداس... مردم هم در به در دنبالش می‌گردن تا خونش رو بریزن و برن بهشت... حال و روزش خیلی پریشونه... **(رسول به‌طرف بیرون حرکت می‌کند)** درویش جایی نرو... بذا برم زیر تابوت رو بگیرم...

رسول به‌سرعت از وسط جمعیت خارج می‌شود.

مرثیه‌خوان (از بیرون):

رفتی عمو سیف در شهر سپیدی

دیدی که آخر زنجیر رو دریدی

می‌شی هم اکنون در خاک مدفون

با پیکر خسته با دیده‌ی پرخون

رسول (از بیرون):

اینا چیه می‌خونید...؟ مگه وصیت عمو رو یادتون رفته...؟ وصیت کرده برای مُردش هیچکس گریه و زاری نکنه و همه بزنن و برقصن و می بخورن و شادی کنن...

صدای تار و کمانچه و یا ساز و دهل و آواز و شادی جای گریه و زاری و مرثیه‌خوانی را می‌گیرد. جنازه‌ی عمو سیف از ته سالن وارد می‌شود. او را با پارچه‌ای سفید پوشانده‌اند و قسمتی از صورتش پیداست. رسول و اصغر خبرچین

با چند نفر دیگر مُرده‌ی او را بدون تابوت روی دست و با رقص سماع و خواندن دسته‌جمعی و ساز و دهل که به‌دنبالشان نواخته می‌شود، حمل می‌کنند. آقای آزادی کمی دورتر از جمعیت به‌دنبال مُرده وارد می‌شود. زیر لب وصیت نامه‌ی عمو سیف را زمزمه می‌کند. صدایش به‌سختی شنیده می‌شود. ژنده‌پوش و پریشان است. حالت گنگ و بی‌تفاوتی دارد. بریده بریده حرف می‌زند و پیوسته به‌دنبال چیزی می‌گردد و نگاه‌هایش طولانی است. سر و صورت و بدنش خونین است. زنجیری به دور گردن و بدنش بسته‌اند که یک سر آن روی زمین کشیده می‌شود. در انتهای زنجیر این خاتون است که یک سر دیگر زنجیر را گرفته است و آرام در حرکت است و عارفانه و بلند می‌خواند و با جمعیت بده، بستان می‌کند.

جمعیت:

نه گریه و نه زاری، نه غصه و نه خواری
دین خدا همینه، آزادی انسانی

خاتون:

گر که رفتم به دل غصه و غم بار نکنید
به مزارم همی گریه و شیون نکنید
مگذارید که شیخ رمال به مزارم دعایی خواند
با کلامی ز شیخ حافظ و خیام مرا یاد کنید

جمعیت:

نه گریه و نه زاری، نه غصه و نه خواری
دین خدا همینه، آزادی انسانی

خاتون:

بنوازید نی و مستی آغاز کنید
به مرام شیخ روم، رقص سماع باز کنید
یاد دارید که این دم را عهد و فایی نبود
همگی همچو من منتظر راه منید

جمعیت:

نه گریه و نه زاری، نه غصه و نه خواری
دین خدا همینه، آزادی انسانی

پای سن که می‌رسند، درویش با آواز کلام را در دست می‌گیرد. آواز جمعیت با آواز درویش می‌آمیزد و مُرده را وارد مدرسه می‌کنند.

درویش:

هان مترس از مرگ، این دام بلا
زانکه از مرگ است استغنای ما
مرگ مردان آتش اندر جان زند
کوه‌ها را پر کند بر سینه‌ها ایمان زند

جمعیت می‌خواند:

نه گریه و نه زاری، نه غصه و نه خواری

دین خدا همینه، آزادی انسانی

آروم بخواب عمو جان

خاتون نشسته بر زین

تا برکند زبنیاد

ظلم و خشم لعین

چشم آقای آزادی با دیدن درویش، در چشم او قفل شده و بی‌حرکت می‌ماند. رسول و خاتون هم باقی می‌مانند. در تمام این پرده زنجیرها به آقای آزادی پیچیده شده است و خاتون در تمام این پرده سر زنجیرهای آقای آزادی را در دست دارد و با حرکت او همراه می‌شود و حافظ او است و گفتگوی آنها به‌آرامی و با ریتم آواز قاطی می‌شود. اصغر خبرچین با دیدن آقای آزادی از زیر جنازه بیرون آمده و با تعجب عقب عقب می‌رود.

اصغر خبرچین: یا حضرت محشر...؟ آقای آزادی زنده شد....!

اصغر عقب عقب از صحنه خارج می‌شود.

صدای مرد ۱: (از بیرون) اصغری چه خبر شده...؟

اصغر خبرچین: (از بیرون) روز محشر شده... آقای آزادی پیداش شده... آشیخ میرزا حکم فتوای کشتن آقای آزادی و خاتون رو داده...

مشهدی آقا رضا: (از بیرون) مردم به پا خیزید و به فتوای

امام خود لبیک بگید و تا این زناکارا دوباره گم نشدن شر اونارو از سر ده و دینمون کم کنید... راه بیافتید... این مدرسه‌ی فساد رو هم باید از بیخ آتیش زد...

مرد۲: (از بیرون) زید باشید تا در نرفته... آره... همه رو خبر کنید... بیل بردارید... کلنگ... داس... چوب... تبر... شمشیر و گرز... هر کس یه چیزی برداره...؟

صدای مرد۳: (از بیرون) خاتون رو هم باید کشت... اون هم باعث بد بیاریه... شومه...

صدای مرد۴: (از بیرون) هر دو باید قصاص بشن... اونا زناکارن...

مشهدی آقا رضا: (از بیرون) همه رو جمع کنید و دسته جمعی برید... تا نماینده‌ی امام، آشیخ میزا نیومده، حمله نکنید...

در تمام این مدت، آقای آزادی روبروی درویش ایستاده و به هم نگاه می‌کنند. بالاخره درویش سکوت را می‌شکند.

درویش: قافله سالار در زنجیر و قافله، سرگشته در معامله‌ی بهشت و جهنم... چه بد که قافله سالار و قافله هر دو گمراه‌اند.

رسول: درویش صدای مردم رو که شنیدی...؟ دارن میان... بهشون رحم نمی‌کنن... محکوم و محارب با خدا شدن... فتوای کشته شدن اونا صادر شده...

خاتون:	این مسخره نیست که بعدش هم همه‌ی قاتلا به بهشت می‌رن و مظلومای کشته شده به جهنم...؟ انگار قانون خدا هم ظالم پرسته...
آقای آزادی:	درویش...؟ آیا با کشتن من، حقیقت... حقیقت روشن می‌شه...؟
درویش:	حقیقت...؟ حقیقت برای مردم داستان قشنگیه...
آقای آزادی:	درویش حقیقت اینه که من هم توی این ده مُردم...

به‌طرف درویش می‌آید و حالت حمله‌وری دارد و درویش را هل داده و به عقب می‌راند.

آقای آزادی:	آدم زنده و نفس‌کش این ده حالا فقط تویی... پس از اینجا برو... برو درویش... چون تو رو هم می‌کشن... آره... از اینجا برو و فقط بخند... چون خنده غم رو از دل می‌بره...

کمی در سکوت به هم نگاه می‌کنند.

آقای آزادی:	پس نمی‌ری... تو هم می‌خوای به حقیقت برسی...؟ (آقای آزادی به جلوی صحنه می‌رود) من بالاخره حقیقت رو پیدا کردم... حقیقت مرگه... مرگ همه‌ی قضایا رو حل می‌کنه...
درویش:	ما همه دنبال حقیقتیم... این مردم هم... همه دنبال حقیقت‌اند... اما نمی‌دونیم چجوری باید پیداش کنیم...
خاتون:	در مسجد به‌دنبال خرید خاک بهشت هستیم و در میخانه به‌دنبال تجربه‌ی بهشت... چه بد که همه گمراه مسجد و میخانه شدیم...

درویش: صد حیف که هیچ نمی‌دانیم که نه بهشتی وجود دارد و نه جهنمی...؟

آقای آزادی: (خوشحال) اما درویش مردم عوض شدن... اونها دارن تکون می‌خورن... حتی اگه برای مبارزه با من و ریختن خون من هم که شده، دارن می‌جنبن... فرق کردن درویش... رسول... اونوقتارو یادت میاد...؟ همه‌شون حکم مرده رو داشتن...

رسول: آره... یادم میاد...

آقای آزادی: درویش... من نمی‌خواستم این‌جوری بشه...؟ اونا شروع کردن... اما حالا دیگه به هیچ قیمتی زنده نمی‌شم... مردم از مُرده‌ی من می‌ترسن... اما درویش مُرده که ترس نداره... بی‌آزاره...

درویش: تو باید از اینجا رخت سفر کنی و بری...

رسول: آره... باید بری... هر آن می‌رسن و تو و زنت خاتون رو تیکه تیکه می‌کنن... تو محکوم به مرگ شدی آزادی...

آقای آزادی: اونا هم محکوم شدن...

رسول: محکوم چی...؟

آقای آزادی: محکوم خرافاتشون...

درویش: همه‌ی ما محکوم و دل‌بسته و دیوونه‌ی این خاکیم... هیچ نمی‌دونیم که ما خود از خاکیم...

رسول: (رو به آقای آزادی) تو هم خاکی و هم دیوونه... یه حیوون... مگه یادت رفته که گراز شدی و شاخ داری... هان...؟ یادت رفته که مُردی...؟ هان...؟

آقای آزادی:	(با خودش حرف می‌زند) آره... راست می‌گی... من مُردم...
درویش:	یه مُرده، آزاده... آزاده هر طور که می‌خواد فکر کنه... آزاده که به هر جایی که می‌خواد پرواز کنه... تو یه لحظه همه‌جا باشه و هیچ‌جا هم نباشه...

آقای آزادی حالت پرواز می‌گیرد. خاتون همراهش می‌شود و حالت رقص سماع به خود می‌گیرند.

آقای آزادی:	من حس می‌کنم که سبک شدم... می‌خوام پرواز کنم...
خاتون:	مثل کبوترا...
آقای آزادی:	مثل گنجشکا...
خاتون:	و قناریا...
آقای آزادی:	پرواز کنیم... پرواز... اما این زنجیرها نمی‌ذارن... آخه چرا نمی‌ذارن...؟ چرا...؟

درویش و رسول به رقص سماع آنها می‌پیوندند.

درویش:	(می‌خندد) اگه دلت بخواد... هیچ زنجیری جلودارت نیست... می‌تونی پرواز کنی و بری یه جای دیگه... جایی که بهتر از اینجا باشه...
رسول:	مثلاً بری توی شهر...
خاتون:	توی بیابونا...
رسول:	جایی که خارها...

خاتون:	گرگ‌ها...
رسول:	پلنگ‌ها...
آقای آزادی:	شیرها...
رسول:	و مارها...
درویش:	همه بی‌آزارتر از آدم‌ها هستن...
آقای آزادی:	(احمقانه) و توی ده خودمون...
درویش:	اگه تو اینجا باشی... هر آن شاخت رو می‌شکنن...
رسول:	اون‌موقع شاخ نداری...
درویش:	که بتونی پل رو درست کنی...
رسول:	نمی‌تونی کسی رو شاخ بزنی و خونیش کنی... تقاص بگیری... نابودشون کنی...
خاتون:	اون‌وقت تو و مردم... همه یک‌رنگ می‌شید... قاتل...!

با افتادن نگاه رسول به پل، فریادش بلند می‌شود.

رسول:	آهای خرکچی... آهای... مواظب باش... پل داره خراب می‌شه... خرها رو برگردون... برگردون...

صدای شکستن و افتادن چیزی در آب می‌آید.

آقای آزادی:	درویش... من دیوونه‌ام... شاخ دارم... اما من به امید این پل بزرگ شدم... این پل سرنوشت منه... اگه اون خراب بشه... من هم خراب می‌شم... می‌میرم... اصلاً من پلم درویش...

درویش:	نه... تو پرنده‌ای... پرنده‌ای و می‌تونی پرواز کنی و بری اون دور دورا... توی کوها... اصلاً تو می‌تونی تو یه کوه یه پل برای خودت بسازی...
رسول:	پلی که بهتر از اینجا باشه...
آقای آزادی:	هیچ پلی این پل نمی‌شه...
	(سکوت)
درویش:	ای کاش از اینجا می‌رفت...
رسول:	(با عصبانیت) نه درویش... اون از اینجا نمی‌ره... اون می‌خواد از خودش یه قهرمان بسازه... می‌خواد با این کارهاش زنده بمونه... به خیال خودش می‌خواد مردم رو آگاه کنه... آخه درویش مگه می‌شه مردمی‌که هزار و سیصد و اندی این خرافات بهشون فروخته شده رو یکی دو ماهه آگاه کرد و بهشون فهموند که همه‌ی این‌ها بخاطر بازار مکاره‌س... درویش باید یه کاری بکنیم که از اینجا بره... مردم دیگه یاغی شدن... چشم مردم حالا فقط چوب، چماق، بیل، کلنگ و سنگ رو می‌بینه و قلبشون صدای یاحسین و یاعلی آشیخ میرزا رو... از چشم کور شدن و از قلب تاریک... دیگه نمی‌شه جلوشون رو گرفت...
درویش:	فکر می‌کنی چه کاری می‌شه کرد...؟
	(سکوت)
رسول:	می‌گم بهش فرصت بدیم که بره... اگه نرفت... با زور هم که شده تا مردم نرسیدن ببریمش یه

جـای دیگـه... (رو می‌کنـد بـه آقـای آزادی) تـا ده می‌شـمارم... اگـه نرفتـه باشـی، زنجیـر شـده تحویـل ژاندارمـی می‌دیمـت...

رسـول و درویـش در عقـب صحنـه پشـت بـه سـالن می‌ایسـتند.

رسول: یـک، دو، سـه، چهـار، پنـج، شـش، هفـت، هشـت، نـه، ده...

برمی‌گردند. آزادی پشت به آنها زانو زده است.

آقای آزادی: بازیتـون گرفتـه...؟ مـن بـازی نمی‌کنـم... دیگـه بـرای هـر بـازی‌ای دیـر شـده...

(سکوت)

آقای آزادی: خاتون...؟

خاتون: آزادی...؟

آقای آزادی: مـن از اینجـا خسـته شـدم... یـه جـای نـو می‌خـوام... کمکـم کـن...

خاتون: کجا می‌خوای بری...؟

آقای آزادی: بـرای مـن فرقـی نمی‌کنـه کجـا بـرم... فقـط اینجـا نباشـه... (مکـث) زیـر اون پـل خیلـی خوبـه... آدم تـوی آب، دنیـا رو شـفاف می‌بینـه... امـا اینجـا بیـرون از آب... آدم هیـچ چیـز رو مثـل خـودش نمی‌بینـه...؟ بریـم زیـر پـل... آخـه قبـر مـن... خونـه‌ی مـن... زیـر آبـه...

خاتون: جایـی کـه آدم همـه چیـز رو مثـل خـودش می‌بینـه...

می‌شیم نیلوفر آبی... وقتی که نور اومد، از آب سرمون رو بیرون می‌کنیم تا گرمی خورشید رو حس کنیم... وقتی که نور رفت... باز سرمون رو می‌کنیم زیر آب...

آقای آزادی به‌طرف رودخانه حرکت می‌کند. رسول جلوی او را می‌گیرد.

رسول: نه... آب از آدما بدتره... گِل می‌شه و می‌کُشدت... خفه‌ت می‌کنه... زمستونا سرما می‌خوری... اونجا حکیم پیدا نمی‌شه که تو رو خوب کنه... تو باید بری یه جای دیگه... باید برگردی شهر...

صدای زوزه‌ی شغال و حیوانات دیگر و صدای باد کم‌کم شروع می‌شود.

آقای آزادی: شغال‌ها... شغال‌ها دارن میان مدرسه... شایدم باید شغال شد...!

رسول: مردم به خون شغال‌ها تشنه‌ان... مردم شغال‌ها رو می‌کشن... تو می‌ری شهر و سالم می‌شی و آب‌ها که از آسیاب افتاد، برمی‌گردی... بچه‌ها منتظرت می‌مونن... مگه تو عاشق خاتون نیستی...؟ مگه نمی‌خوای با اون زندگی کنی...؟ چندتا بچه داشته باشی و به اونا الفبا یاد بدی...؟

درویش: اگه نری مردم می‌کشنت... اونوقت آزادی پاک می‌میره...

آقای آزادی: **(سکوت)** می‌دونی درویش... اصلاً آدم باید بکشه تا کشته نشه... من فکر می‌کنم این قانون

زندگیه... بکش تا کشته نشی...

درویش: نه این هم نمی‌شه... تو هر سر نخ رو بگیری، سر دیگه‌ش آزاده و باد اون رو هی می‌بره و اون‌وقت تو مجبوری دنبال باد بری تا اون سر نخ رو بگیری... موقعی هم که اون سر نخ رو گرفتی و بخوای دو سر نخ رو داشته باشی، نخ کج می‌شه و قانون زیبایی از بین می‌ره... اگه هم بخوای نخ کوچیکی انتخاب کنی که دو سرش رو نگه داری و قانون زیبایی هم حفظ بشه، قانعت نمی‌کنه و بیشتر می‌خوای... پس یه سر نخ همیشه باید آزاد باشه و باد هی اون رو ببره و تو هم هی دنبالش بری... حالا تا کی...؟ معلوم نیست...

خاتون آمدن باران را حس می‌کند. به هوا خیره شده و زمزمه‌ی آواز عارفانه‌اش آهسته شروع می‌شود. آزادی به‌دنبال باران در کف سن می‌چرخد و گاهی هم به آواز توجه می‌کند. رقص آنها باز شروع می‌شود. صدای آسمان قرمبه می‌آید.

خاتون: بغض آسمون در حال ترکیدنه....

آقای آزادی: می‌خواد بارون بباره... این اولین بارون امساله...

از اینجا به بعد صدای رعد و برق، باران، صدای جمعیت، باد و طوفان، هیاهو، شکستن پل، سیل و انواع صداهای حیوانات و صدای آسمان قرمبه، همه با هم قاطی و پخش می‌شوند و به تدریج

بلنـد و بلندتـر می‌شـوند. آقـای آزادی، رسـول، خاتـون و درویـش و بچه‌هـا بـا نـور سـبز و آبـی نشـان داده می‌شـوند و حـاج قاسـم، مشـهدی آقـا رضـا و آشـیخ میـرزا بـا نـور قرمـز و سـیاه.

صدای مرد ۱: (از بیرون) اصغری چه خبر شده...؟

اصغر خبرچین: (از بیرون) روز محشره... آشیخ میـرزا حکـم فتـوای کشتن آقای آزادی و خاتون رو داده...

آشیخ میرزا: (از بیـرون) مردم حرکت کنید کـه به خواسته‌ی امام زمـان خودتـون جـواب بدیـد... تـا ایـن بی‌دین‌هـای زنـاکار را بکُشـید... ایـن مدرسـه‌ی فسـاد را بایـد از بیـخ آتیـش زد... الاه هـو اکبـر...

حاج قاسم: (از بیرون) مردم دیندار به صـدای نایب امام خود آشـیخ میـرزا جـواب بدیـد... راه بیافتیـد...

همهمـه و سـر و صـدای «الاه هـو اکبـر... جهـاد... جهـاد اسـت... روز جهـاد اسـت» از بیـرون بلند شده و بلندتـر و نزدیک‌تـر می‌شـود. صـدای آسـمان قرمبـه و رعـد و بـرق و باریـدن بـاران بلنـد و بلندتـر می‌شـود. درویـش مشـغول بـاز کـردن زنجیرهـای آقـای آزادی اسـت. خاتـون در تمـام طـول سـیل بـه خوانـدن ادامـه می‌دهـد. رسـول بـه دوردسـت خیـره می‌شـود.

رسول: سـیل... سـیل راه افتـاد... خیلـی از خونه‌هـا رو سـیل داره خـراب می‌کنـه... ایـن سـیل پـل رو خـراب می‌کنـه...

اصغر خبرچین: (از بیرون) یـا حضـرت خضـر... چـه سـیلی بلند

شـده... داره خونه‌ها رو خـراب می‌کنه... الآن آب می‌بردمون...

آشیخ میرزا: (از بیرون) این سیل، خشم خداست که به خاطر این زناکارا بر ما روون شده... تا اونارو از این ده بیـرون نکنید و نکشـید و امـر بـه معـروف و نهی از منکر اجرا نکنید، سیل بند نمیاد... خونه و اموال و خودتـون رو همـه رو بـا هـم می‌بـره... ریشـه‌ی محارب به دین خدا رو که از ده بکنید، سیل هم بند میاد... بعد هـم نعمـت از در و دیـوار آسمون سـرازیر می‌شـه...

آقـای آزادی قصـد حرکـت بـه‌طـرف پـل را دارد. درویـش و رسـول جلـوی او را می‌گیرنـد. حرکـت همـه بیـن بـازی نـور و رعـد و بـرق حالـت سریـع بـه خـود می‌گیـرد.

درویش: نـه... سیـل بدیـه... پـل خطرناکـه... دیگه نمی‌شـه ازش رد شـد...

آقای آزادی: دیگه همـه چیـز تمـوم شـد درویـش... همـه چیـز... دیگـه چیـزی نیسـت کـه آدم دلـش رو بهـش خـوش کنـه...

رسول: بیـا بریـم جلـوی سیل رو ببندیم که مدرسـه رو خراب نکنـه...

آقای آزادی: نـه... پـل نبایـد خـراب بشـه... بایـد پـل رو نجـات بدیـم... اگـر پـل نباشـه، مدرسـه بـه چـه درد می‌خـوره...؟

آزادی با تلاش زیاد، خود را از دست درویش و رسول رها می‌کند و به‌طرف پل می‌رود. بین جمعیت می‌رسد و مشغول مبارزه با سیل است تا پل را نجات دهد. زنجیرها نیمه‌باز هستند و کم کم از بدن او رها می‌شوند. رسول به میان جمعیت و نزدیک آقای آزادی می‌رود، ولی آب نمی‌گذارد که او خود را به آقای آزادی برساند. با حرکت سر آقای آزادی که مشغول نجات پل است قطرات خون از سر و صورت و دستش به روی مردم پاشیده می‌شود. خاتون مشغول خواندن است و صدایش بلندتر و رساتر می‌شود.

رسول: برگرد برو توی مدرسه... نه... برگرد... نرو... پل داره خراب می‌شه... خطرناکه... برگرد...

آقای آزادی: باید جلوی سیل رو گرفت... نباید بذاریم پل رو خراب کنه... بیاید جلوی سیل رو بگیریم... آب داره می‌زنه روی پل... بیاید کمک... خاتون... تو بیا کمک... من رو تنها نذار...

رسول: برگرد... خفه می‌شی...

آقای آزادی: (آرام) اینجا لغزنده شده... پل...

به‌طرف بیرون حرکت می‌کند.

آقای آزادی: همه دارن خفه می‌شن... ببینید چقدر آدم خفه شده... باید پل رو از آب بیرون بکشیم...

آقای آزادی درحالی‌که به سیل زده و به سختی می‌تواند داخل آب حرکت کند، از انتهای سالن

نمایش و پشت تماشاچی‌ها به‌طرف پل و برای نجات آن خارج می‌شود. حالا تنها صدای خیلی ضعیف او می‌آید. رسول در این لحظه در وسط جمعیت است. در همین لحظه با فریاد یاحسین و یاعلی، آشیخ میرزا، حاج قاسم، مشهدی آقا رضا، اصغر خبرچین، میزا حسین و به‌دنبالشان جمعیت از همه طرف وارد می‌شوند. همه بیل، کلنگ، داس، خنجر، شمشیر، چوب و گرز در دست دارند. عده‌ای با کمک آشیخ میرزا به خراب کردن و آتش زدن مدرسه مشغول می‌شوند. صدای باران و رعد و برق و آسمان قرمبه بسیار بلند است و صدای آقای آزادی از بیرون به سختی شنیده می‌شود. خاتون هنوز گوشه‌ای نشسته و مشغول خواندن است.

رسول: **(با فریاد)** رسید به پل... پل رو بغل کرده... پل داره خراب می‌شه... پل خراب شد... افتاد توی رودخونه... رفت زیر آب... آقای آزادی رو سیل برد...

کم‌کم صدای رعد و برق و آسمان قرمبه می‌افتد و فقط صدای سیل و خواندن خاتون به گوش می‌رسد. رسول از اینجا عقب عقب رفته و در حال صحبت کردن و تشبیه کردن تماشاچیان به آدم‌های مُرده، پای سن می‌رسد. مردم با تعجب مشغول تماشای سیل هستند.

رسول: چقدر آدم مُرده... اینا دیگه تکون نمی‌خورن... به

شما گفت که پل رو درست کنید تا نمیرید...

رسول به‌طرف درویش برمی‌گردد، اما هر چه جستجو می‌کند درویش را نمی‌بینند.

(سکوت)

حاج قاسم: خدا رحمتش کنه... آدم خوبی بود... بهش بد کردیم...

اصغر خبرچین: چرا آدمای خوب همیشه زید می‌میرن...؟

جمعیت: خدا رحمتش کنه...

میرزا حسین: دستی دستی معلم مدرسه‌مون رو کشتیم... دستی دستی در مدرسه‌مون رو خودمون بستیم...

کربلایی: خدا وکیلی بهش بد کردیم... آدم بدی نبید...

حاج قاسم: خدا بیامرزدش... فقط یه کمی سر به سرمون می‌ذاشت، وگرنه آدم بدی نبید... ما اشتباه کردیم، خوردیم...

کربلایی: باید یه پرس مفصل براش بگیریم...

حاج قاسم: خرج پرسش رو من می‌دم...

اصغر خبرچین: آشپزیش رو هم من می‌کنم تا ثواب کنم و برم بهشت...

مشهدی آقا رضا: اگه آدما اینجوری بمیرن، برای بیچاره‌ها بد نمی‌شه... به یه سور و ساتی می‌رسن...

آشیخ میرزا: این جور مرگ و میرها باید باشه تا مردم ارج و قرب معجزه‌ی امام رو بدونن و ببینن... برید

	مُردهش رو بگیرید... باید براش مقبره بسازیم و بیایم زیارتش...
حاج قاسم:	خرج ساختمونش رو هم من میدم...
رسول:	اکثریت نادان و اقلیت خائن، یعنی مرگ تدریجی جامعه...؟!

رسول پای سن صلیب میشود. مشهدی آقا رضا روی سکو نشسته و ورق‌هایش را بر میزند و به‌دنبال همبازی می‌گردد. حاج قاسم ایستاده و جمعیت همه نشسته و ناراحت‌اند. شمشیر آشیخ میرزا هنوز روی هوا آماده‌ی حمله است. با شروع آواز خاتون همه عکس می‌شوند. خاتون از وسط جمعیت به‌طرف پل خراب شده حرکت می‌کند. نور فقط خاتون را دنبال می‌کند و بقیه‌ی صحنه تاریک است. با حرکت خاتون به‌طرف بیرون نور کم و کمتر می‌شود. خاتون چادر و چارقدش را از روی سر برداشته و روی زمین می‌اندازد. موهای بلندش روی شانه‌هایش پخش می‌شود. خاتون از وسط جمعیت در حال خواندن آواز بیرون می‌رود. با خروج خاتون نور می‌میرد. اما صدایش ادامه دارد و دورتر و به‌تدریج کم می‌شود.

خاتون می‌خواند:

دلم آتش به جان دارد

از این ظلم بشر حکایت‌ها به دل دارد

دلم امروز با خدای خود

مناجات و سخن دارد

نمی‌ترسد ز خشم ملایش

پیامی از شمس و قمر دارد

از او پرسم عدالت کو

که گفتندم مسلک دین خدا دارد

خدایا تو نمی‌بینی که مولایت

سودای غارت و قتل عام دارد

مرا گفتند که دین عشق است

چرا خشم و غارت و کشتار دارد

با خروج خاتون نور می‌میرد. اما صدایش ادامه دارد و دورتر و به‌تدریج کم می‌شود. درست هم زمان با کم شدن صدای خاتون از بیرون، نور صحنه کم کم زیاد می‌شود و ما فقط مشهدی آقا رضا را می‌بینم که کنار قصابی قدیمی عمو سیف نشسته و هنوز مشغول بر زدن ورق‌هایش است. بالای در قصابی تابلویی نصب شده که روی آن نوشته شده «قصابی امام زمان»

خاتون می‌خواند:

نبندم دل به آن دینی

که ملایش زن را کنیزک بنده پندارد

دلم آتش به جان دارد

از این ظلم بشر حکایت‌ها به دل دارد

دلم امروز با خدای خود

مناجات و سخن دارد

با افتادن صدای خاتون از بیرون، صحنه کاملاً روشن شده و شیخ میان‌سالی از در مدرسه خارج می‌شود و به‌طرف قصابی می‌رود. بالای در مدرسه تابلویی به چشم می‌خورد که جای تابلوی دبستان نصب شده است با عنوان «مکتب ابوالفضل» درست در همین زمان، قدرت با پیش‌بند سیاه و خونی و چاقوی قصابی بزرگ و خونی خارج شده و مشغول تیز کردن چاقویش است. با خروج او همه عکس می‌شوند.

پایان

لغت‌نامه اصطلاحات عامیانه:

بید	بود
چوغط	چوب خط

(مردم ده چوبی داشتند که حدود نیم متر می‌شد. هر بار که گوشت می‌گرفتند بجای اینکه پول بدهند بستگی به اینکه چقدر بود، مقداری از چوب را می‌کندند و آن را نیم چوب خط و یک چوب خط می‌گفتند و آخر ماه چوب خط‌ها را حساب و تسویه حساب می‌کردند.)

یه اله	نصف چوب خط

در دهات چوب کوچکی داشتند که وقتی از قصاب گوشت می خریدند, قصاب یک تکه کوچک را می کند بصورت نصف به آن می‌گفتند یک یه اله... دفعه بعد قسمت مقابلش را می‌کندند به آن می‌گفتند یک چوقت / چوب خط , و در آخر ماه همه را حساب می کردند که هر روز مجبور به پرداخت نباشند.

مگس‌ها بره میده:

وقتی مگسی از لانه بیرون می‌زند و عده‌ای از مگس‌ها با او همراه شده و خود شاه مگس می‌شود .

کرت کرده بیدند:	مجبورت کرده بودند
زیر زِبِت زده:	بی‌نیاز شدن ودیگر به چیزی احتیاج نداشتن
خوره به پوزت افتاده:	مرض لغوه بگیری
مشتلق:	انعام

لەلە دار کردن:	زخمی کردن
مفتن‌گیری:	فتنه کردن
النگال شدن:	درگیر شدن
آلمون:	آرزو
عیسار:	آبسار
زیدتر:	زودتر

گپی با شما

سر پل ته رودخانه برای من قصه‌ی دردناکی است.

قصه‌ای که من در اثر مرگ عزیزی که خانم برادرم و همچنین دختر عمویم هم بود نوشته شد. او را بلور صدا می‌کردند، اما در شناسنامه فاطمه بود. او و خواهرم ستاره حالت مادر دوم را برای من داشتند. چرا که من از هفت سالگی در تهران برای رفتن به مدرسه پیش آن دو بودم، چرا که مادرم باید به زمین‌های ده و رعیت‌ها می‌رسید و بیشتر از پنج تا شیش ماه در تهران نبود. و گاهی هم کمتر از آن. و ما تابستان‌ها به دیدن او می‌رفتیم. در حقیقت برای فرار از غم مرگش قصد داشتم در خلوت خود مطالبی را ضبط و بعد بصورت کتبی منتشر کنم که اعتراضم را به عمو و دیگرانی که سبب ازدواج زوری برادرم با دختر عمویم شده بودند را که من می‌دانستم سرانجامش تراژدی بیش نبود، کرده باشم. خود را در اتاقم زندانی کردم، درها را بستم و نمایش، اعتراض و نیاش شروع شد و ساعت‌ها ادامه داشت. نمی‌دانستم که چند نوار را پر کرده بودم و بطور نمایشی همه شخصیت‌ها را بازی کرده و سرانجام هم با گریه و زمزمه‌ی آواز خسته بخواب رفتم. بعد هم بطور کلی بودن این نوارها بین نوارهای موسیقیم را از خاطر برده و آخرین نوار هنوز در ضبط باقی مانده بود. چندی بعد دوست خوبم کامران نوراد که خبرنگار مجله ورزشی بود و بعد کتابخانه‌ی کامران را در منطقه شمال تهران و خیال می‌کنم خیابان وزرا تاسیس کرد، به خانه‌ی من آمد. من مجبور شدم او را چندی در اتاق خود تنها بگذارم که مادرم را به مقصدی برسانم و برگردم. وقتی برگشتم کامران از تصمیم رفتن به سینما خودداری کرد و گفت کاری برایش پیش آمده

است و رفت. ده روزی شد که نه جواب تلفن مرا می‌داد و نه با من تماس می‌گرفت. فقط پیغام گذاشت که خارج شهر است. تا اینکه یک روز وقتی به خانه رسیدم مادرم گفت، "خوب شد که آمدی کامران‌خان هم باید دیگه پیداش بشه..." تعجب کردم، هنوز زبانم باز نشده بود که ادامه داد، "بمن زنگ زده و گفت داره شام میاد اینجا با تو هم کار داره و میخواه جلوی من با شما صحبت کند... چه خبر شده... دوباره گندی بالا آوردی من نمی‌دونم..." من بیشتر دچار تعجب شدم که چرا کامران با مادرم تماس گرفته و قضیه چیه؟ تا آمدم بخودم بیایم که با او تماس بگیرم زنگ در زده شد و کامران وارد شد.

اولین کارش هم این بود که رو کرد به مادرم و گفت، "حاجی خانم به عطا بگو، تا بعد از شام از من هیچ سئول و یا پرسشی نکند... وگرنه شام نخورده میرم..." و البته حاجی خانم هم دستور را صادر کردند و من تا بعد از شما لال بودم و کامران و مادرم مشغول خوردن شام و خوش و بش و شوخی. شام و چایی که تمام شد رو کرد به حاجی خانم و گفت، "حاجی خانم من جلوی شما اتمام حجتم را با این پسرت می‌کنم که شما شاهد ما باشید..." و بعد رو به من کرد و جزوه‌ای را که با خود آورده بود از روی صندلی کنارش برداشت و گذاشت روی میز جلوی من. و ادامه داد، "توی خولی واقعا نفهمیدی چی ضبط کردی... فکر نکردی وگرنه اگر یک عمر هم می‌نشستی چنین شاهکاری را نمی‌نوشتی... رفتم برات دادم تایپ کردند و تنظیمش هم کردم... اتمام حجت من به تو جلوی این حاجی خانم مادرت اینه که تا این نمایشنامه را کار نکنی من و هرگز تو عمرت نخواهی دید... بیخود هم بمن تلفن نزدن ... التماس هم نکن که فایده نخواهد داشت..." بعد هم رو کرد به حاجی خانم

مادرم و از شام تشکر کرد و رفت. من و حاجی‌خانم هم گیج و گنگ بهم زل زده بودیم. نمایشنامه را برداشتم و اولین چیزی که دیدم لغت پل بود، و نوشته‌ی عطا ثروتی... خولی... دیدم لغت پل بود، و نوشته‌ی عطا ثروتی... خولی... که بعدها به سر پل ته رودخانه تغیر کرد و خولی هم حذف شد. دیدم تمام مطالبی را که من در حال ناراحتی و درد ضبط کرده بودم روی کاغذ آورده بود.

آنشب نمایشنامه را خواندم و در یک چیز با او همراه بودم امکان نداشت من در حالت عادی چنین نمایشی را بنویسم. بعد فهمیدم که کامران در غیبت من دنبال نوار موسیقی می گشته که اتفاقی نوار باقیمانده در ضبط را روشن کرده بود، البته اول برای خنده به آن گوش می کند و بعد از نوار اول شوخی به جدی تبدیل شده بود و تمام نوارها را از بین نوارها موسیقی جدا کرده و بدون اطلاع من با خودش برده بود. و البته بعد از آن کامران درست چهار ماه جواب تلفن مرا نمی‌داد تا من بالاخره مجبور شدم نمایش را دست بگیرم. من سال اول دانشکده بود. و تصمیم گرفتم بطور خصوصی و بدون اطلاع دیگران نمایش را بیرون دانشکده و خارج از دنیای تأتر حرفه‌ای شروع کنم. چرا که این اولین تجربه تأتری من خارج از دبیرستان بود. فقط یک نمایشنامه در دبیرستان کار کرده بودم آن‌هم بعنوان بازیگر. بعد برای ملاقات شخصی برای بازی در نمایشنامه به کاخ جوانان مرکزی رفتم و در آنجا به من پیشنهاد شد که نمایشنامه را برای آنها کار کنم و جا و مکان و مخارج سفر را هم تقبل خواهند کرد. و بعد تصمیم گرفتم از هر دانشکده یک فرد بدون تجربه تأتری را انتخاب کنم. و بغیر از آقای رسول نجفیان و تا حدی مهدی تقی‌نیا دیگران هیچ تجربه‌ی تأتری نداشتند. ضیاء دری اولین کار هنریش را با این نمایشنامه شروع کرد. در ابتدا نمی‌دانستم

این نمایشنامه با چه استقبالی و مخاطراتی روبرو خواهد شد. اما در تبریز بعد از نمایش شب اول مردم تحت تأثیر قرار گرفته و فردای شب نمایش اول با تیرکمان بطرف دختری که نقش خاتون را بازی می‌کرد شلیک کرده و نزدیک بود چشم بیچاره را کور کنند. بعدها فهمیدیم که نقش آزادی معلمی را که نقش اصلی بود و رسول نجفیان با تبحر بازی کرده بود را در صمد بهرنگی دیده بودند قبل از نمایش رضاییه نقد مجله فردوسی که معروف‌ترین مجله روشنفکرانه ایران بود و تأکید این تشابه با صمد بهرنگی توجه بسیاری را جلب و نمایشنامه را معروف کرد. در رضاییه در شب دوم مردم بسیاری که در پشت در مانده و موفق به دیدن نمایش نشده بودند شلوغ کرده و سر و صدا انداختند و این شلوغی به بعد از نمایش هم کشید و ما مجبور شدیم شبانه از رضاییه حرکت کردیم. در ساری هم شلوغ بازی‌ها ادامه پیدا کرد و بیشتر شد، در کرمان به اوج خودش رسید و عده‌ای بعد از نمایش تحت تأثیر تأتر را بهم ریختند عکس‌ها را پایین کشیدند و قصد آتش زدن تأتر را داشتند. و چنان شلوغ شد که مردم دور ما در باغ پشت تأتر حلقه زدند و یادم است آقای دستغیب استاندار وقت شبانه به آنجا آمدند و ما را سالم از کرمان روانه‌ی تهران کردند. بعدها متوجه شدیم که عده‌ای از دانشجویان مبارز بدون اطلاع من ما را در شهرهای مختلف دنبال می‌کردند و بعد از نمایش از احساسات مردم سوی استفاده کرده و شلوغ بازی براه می‌انداختند. چیزی که من هرگز با آن موفق نبودم و قصدم از نوشتن این نمایشنامه حمله و انتقاد به خرافات و دزدیدن مرام و مسلک فریب مردم بیگناه در سایه دین بود.

در تهران هر چند که نمایش خصوصی بود اما هنرمندان بسیاری آنهم بدون دعوت به سالن آمدند، از جمله آنها

محمدعلی فردین، دوست جوانمردم سعید راد، پرویز فنی‌زاده.....و... بودند... البته بعد از نقد فردوسی که آقای عباس پهلوان دوست عزیزم سر دبیر آن بودند و من در آن زمان هیچ آشنایی با ایشان نداشتم، سیل مقالات دیگر در تمام نشریات ادامه داشت و گفته شد تنها نمایشی بود که همه نشریات چندین بار در مورد ستایش آن نوشتند و یادم می‌آید در کاخ جوانان وسط کنسرت خانم گوگوش عزیز با من مصاحبه‌ی رادیویی شد که آقای توفیقی این مصاحبه را انجام داد. و مرا یک شبه به جامعه هنری ایران معرفی کرد. جالب این بود که کامران هیچ یک از نمایش‌ها را ندید. بعد از آن اجرای نمایشنامه را در در اکثر پرورشگاه‌ها ادامه دادم و از بچه‌های پرورشگاهی استفاده کردم که بعدها یکی دو نفر آنها پیشرف شایانی در صحنه‌ی هنر داشتند. در آخر برای تشکر از دوستانی که مرا در اولین کار حرفه‌ای‌ام همراهی کردند و یادی از آنها کرده باشم، چند تا از عکس‌های نمایشنامه را در آخر کتاب می‌آورم.

نظری بر نمایشنامه سر پل ته رودخانه اثر عطاء ثروتی

سر پل ته رودخانه قصه کوی آزادیست ، آزادی اسیر تضادهاست و تضاد قربانی میگیرد ...

سر پل ته رودخانه ، از زندگی توده‌ها ومشکلات آنها به بطرزی معمول سخن میگوید. در این نمایشنامه بعد زمان و مکان جائی ندارد . حرف و پیام متعلق به مردم واز خصوص آنهاست و اغراق نیست اگر بگوئیم شخصیتها به خوبی قابل لمس میباشند .

در دهی (یا شهری ــ کشوری و یا دنیائی) ، چند آدم با رفتار گوناگون ولی خصوصیاتی یکسان از نظر فرهنگ ، رغبت نزدیکی با واقعیات را ندارند . در نتیجه کشمکشها و فعل وانفعالات ارزشها ، معلمی آزرده ، که آزادی نام دارد قصد بهروشن کردن اذهان دارد واذهان درگیر سنن پوسیده میباشد. آدمهای این ده با تضادهای ظاهری دست بگریبانند .

در این ده رودخانه‌ای خروشان که قطره هائی ازظلم وستم همراه دارد جاری است و پلی فرتوت عامل ارتباط بودن وزیدن است . از دید نویسنده این پل ایزخصوصیات مردم را دارا میباشد و لذامردم ده که واقعیات را پذیرا نیستند توسط این پل آزادی رااز خود دور میسازند .

دولت آبادی

فردوسی

سیمائی کم‌رنگ از «صمد» در یک نمایشنامه

● نظری به نمایشنامه (سر پل ته رودخانه)

ــ محل اجرا: کاخ جوانان رشتیه

ــ نویسنده وکارگردان: عطا ثروتی

اجرا کنندگان: مسعود الهیار ــ مهدی نقی‌نیا ــ عطا ثروتی ــ کمال حسینی علیرضا شکرچی ــ ضیاالدین دری ــ مریم فاضل‌پور ــ اسماعیل فرزانه‌ــ علی قربانی ورسول نجفیان .

در نمایشنامه سر پل ته رودخانه همه بازیها خوب وحساب‌شده بود و پخته‌ترین بازی را رسول نجفیان (آزادی، معلم ده) اجرا نمود . «آزادی» معلم ده است و برای باز کردن چشم و گوش مردم سخت در تلاش، ولی همین عمل او باعث شده که بیشتر اهالی ده از او متنفر بشوند مگر بچه‌های کوچک که معلمشان را صمیمانه دوست دارند نکته قابل توجه در این نمایش اینجاست که وقتی یکی از اهالی به «آزادی» میگوید ، «بابا، تو با این کارها چه کارداری، معلمی برو معلمی خودت را بکن، اصلاح مردم و خر کردن و زندگی اشان را بگذار ..» آزادی میگوید، «مامی توانیم مردم و خر کنیم، اما خودمون لوچی؟؟»

موضوع اصلی داستان روی معلم دهی چرخ میزند، معلمی که قدم در راهی بی برگشت گذاشته است و میخواهد تا آنجائیکه می‌تواند برای روشن کردن ذهن مردم ده و بخصوص بچه‌ها ، تلاش کند. ما ، در پشت چهره این معلم چهره صمد بهرنگی معلم ساده آذربایجانی و نویسنده خوب قصه‌های کودکان را میبینیم با تفاوتهایی چند از نظر شیوه کار. ولی با هدفی که برای هر دو یکی است . «آزادی» در نتیجه همه تلاشی که میکند بالاخره باین نکته واقف میگردد که ، همیشه دریافت آزادی بیگانه دلنشین‌تر از آشناست» و «آزادی» ، آشنائی که برای دهاتی مردم ده از پوسیدگی فریاد میزند . اما افسوس که خودی است نه بیگانه او صادقانه میخواهد آماد کند، صادقانه با اشتباه آنان مبارزه میکند وصادقانه فدا میشود اما ؛ بر میگردیم سر یکی از گفته‌های صمد بهرنگی در کتاب ماهی سیاه کوچولو ، «مردن یار ندیدیم ، مهم نیست ، مهم اینست که مرگ من چه تأثیری در اجتماع داشته باشد»

در نمایشنامه «سر پل ته رودخانه» میبینیم و میشنویم که معلم ده (زمانیکه مردم ده بخاطر افکار اصلاحی اش میخواهند او را تکه تکه کنند) میگوید، «همه میخواهن منو تکه تکه کنن ، اما آیا با رفتن من ، حقیقت پوشیده میشود» و در خاتمه نمایش ، بخوبی میبینیم که مرگ آزادی تا چه حد در زندگی مردم ده تأثیر میگذارد .

جوانان امروز

فستیوال تاتر جوانان

در فستیوال تاتر کاخ جوانان ساری که با شرکت شش کاخهای جوانان کشور از تاریخ بیست و پنج مرداد تا اول شهریور بطول انجامید ، نمایشنامه «سر پل ته رودخانه» نوشته و کارگردانی عطاءالله ثروتی که از طرف گروه هنری کاخ مرکزی جوانان در فستیوال شرکت داده شده بود با اقبال کم سابقه تماشاچیان روبرو شد نجفیان ، نقی‌نیا، دری ، ثروتی ، فرزانه ، شکرچی ، قربانی ، فاضل‌پور ، والهیار بازیگران این نمایشنامه بودند .

اطلاعات

روزنامه یکشنبه ۴ شهریور ماه ۱۳۵۲ ـ شماره ۱۴۲۰۴ تکشماره ۵ ریال

جشنواره تئاتر در ساری

همانطوریکه اطلاع دادیم اولین جشنواره تئاتر کاخهای جوانان سراسر کشور روز ۲۵ مرداد در ساری آغاز شد ، جشنواره تئاتر در کاخ جوانان ساری تا پنجشنبه شب گذشته (اول شهریور) ادامه داشت و جشنواره با اجرای نمایشنامه «سر پل ته رودخانه» پایان یافت .

در این جشنواره که برای اولین بار در ایران به همت کاخ جوانان ساری از تاریخ ۲۵ مرداد لغایت ۱ شهریور برگزار شد ، ۹ نمایشنامه از کاخهای جوانان سراسر کشور بروی صحنه آمد .

نمایشنامه های شرکت کننده در جشنواره عبارت بودند از :

«کورتوق» به کارگردانی حسین معتمدی (کاخ ساری) ـ «کارمند روز جمعه» به کارگردانی حمیدی (کاخ تبریز) ـ «نگاره» به کارگردانی تاج‌الدین (کاخ کرمان) ـ «تاشهر ۲ کیلومتر فاصله است» به کارگردانی تقی سلحشور (کاخ جنوبی جوانان) ـ «دیوریانه‌ها» بکارگردانی پرویز پرورش (کاخ غربی جوانان) ـ «مزرعه کشی» به کارگردانی شرکت (کاخ جوانان اصفهان) ـ «عروسکها» به کارگردانی عباس امیری (کاخ رشت) و «سر پل ، ته رودخانه» به کارگردانی عطاءالله ثروتی (کاخ مرکزی) .

در جشنواره ، نمایشنامه های «سرپل ته‌رودخانه» نوشته ثروتی «کارمند روز جمعه» نوشته محسن یلفانی و «کورکاچ» نوشته حسین معتمدی مورد توجه قرار گرفت .

اطلاعات

پنجشنبه ۲۵ مرداد ماه ۱۳۵۲ ـ شماره ۱۴۱۷۹ تکشماره ۵ ریال

توسط هنرمندان جوان تهران :

ماجرای «چیت جان» در رضائیه تکرار شد!

گروهی از مجریان نمایشنامه «سرپل ته‌رودخانه» که در رضائیه و تبریز روی صحنه آمد

«سرپل و ته رودخانه» عنوان نمایشنامه‌ای بود که توسط گروه تئاتر کاخ جوانان مرکزی در تالار کاخ جوانان رضائیه اجرا شد، این نمایشنامه در دو روز متوالی روی صحنه آمد و با استقبال تماشاچیان مواجه شد.

نمایشنامه از ماجرائی مایه گرفته است که چند سال پیش در یکی از دهات ارسباران بنام «مجید همسان» اتفاق افتاده است و اجرای آن در رضائیه تکرار ماجرا بود...

عطا ثروتی نویسنده نمایشنامه که خصوصاً کارگردانی آن را بعهده داشت قبل از نوشتن نمایشنامه به دهکده «چیت جان» رفته و اصل ماجرا را از زبان قهرمانان آن شنیده است.

بعد آنرا بصورت نمایشنامه و «سرپل ته رودخانه» در آورده است. بازیگران و دست اندرکاران این نمایشنامه عبارت بوده‌اند از: عطا ثروتی ـ مسعود اثیار سکال رسول نجفیان ـ اسکندر رادفر، حسینی ـ علیرضا شکرچی ـ ضیاءالدین دری، علیرضا دوری، مریم فاضل پور، اسماعیل فرزانه، علی قربانی، فریدون بیگی، حمید ابتیان و مژگان تقی زادگان. این نمایشنامه در تبریز نیز اجرا شد.

رضائیه ـ خبرنگار اطلاعات

اطلاعات بانوان

«سرپل ته‌رودخانه» در رضائیه

توسط کمیته تئاتر کاخ جوانان مرکزی اجراء شد

... مینا یقالی: بدعوت گروه ... جوانان رضائیه، کمیته تئاتر ... جوانان تهران به رضائیه آمد ... متوالی نمایشنامه جالب «سرپل ...» را در تالار اجتماعات کاخ جوانان ... آورد.

... اجرای نمایشنامه دو ساعت بود و ... حدود ۶۰۰ نفر از اعضای کاخ جوانان و میهمانان آنها و علاقمندان به تئاتر از آن دیدن کردند. این نمایشنامه را گروه عطا ثروتی نوشته و کارگردانی کرده بود. بازیگران آن عبارت بودند از: مسعود اثیار، ... عطا ثروتی، کمال حسینی، علیرضا شکرچی، ضیاءالدین دری، مریم فاضل‌پور، اسماعیل فرزانه، علی قربانی و رسول نجفیان.

اطلاعات

چهارشنبه ۱۱ مهر ماه ۱۳۵۲ ـ شماره ۱۴۲۱۹ تکشماره ۵ ریال

تازه چه خبر!

سرپل ته رودخانه

«سرپل ته رودخانه» یکی از نمایشنامه های موفق فستیوال تئاتر سنتی در کاخ مرکزی جوانان بروی صحنه آمد.

در این نمایشنامه حرف و پیام متعلق به مردم و از خود آنها است. مردمی چند آنچنان رفتار گویا کردند... خصوصیاتی یکسان از نظر فرهنگ... گرد آمده اند... زندگی ... در نتیجه کشمکش ها و جدل و اختلالات پیش می‌آید ودر این میان معلمی بخاطر روشنگری اذهان به آنها میپیوندد.

در این نمایشنامه عده‌ای از هنرمندان آماتور کاخ جوانان ایفای نقش کردند.

ستاره سینما

شماره نهم (دوره جدید) شنبه ۱۰ مهر [illegible]

سرپل ، ته رود خانه

□ در جشنواره تئاتر کاخ جوانان ساری که هفته پیش برگزار گردید ، نمایشنامه موفقی تحت عنوان « سر پل ، ته رودخانه » بکارگردانی « عطا ثروتی » از طرف کاخ مرکزی جوانان بنمایش در آمد که بنظر موفق‌ترین نمایشنامه بود . این نمایشنامه‌را اینها بازی کرده‌اند : مهدی تقی‌نیا ، رسول نجفیان ، علی‌قربانی ، مریم فاضلی‌پور و اسماعیل فرزانه‌و [illegible]

سرپل ، ته رودخانه !

گروه تئاتر کاخ مرکزی جوانان مشغول تمرین نمایشنامه‌ای هستند بنام سرپل‌ته‌رودخانه. این نمایشنامه راعطاثروتی نوشته‌است وخورشید بهنام آن راکارگردانی می‌کند و قرار است پس از آماده شدن برای تلویزیون ضبط شود. در ایــن نمایشنامه ، عطا ثروتی، مهدی‌تقی نیا، مهری‌پرما ، اسماعیل فرزانه ، علی‌قربانی، علیرضا شکرچی ، کمال حسینی ، فریدون دولت‌آبادی و بهروز بقائی بازی‌می‌کنند این نمایشنامه توسط همین گروه قبلا در کاخهای‌جوانان رضائیه ، تبریز، ساری و کاخ‌مرکزی جوانان بروی صحنه آمده است.

جشنواره تآتر کاخ جوانان ساری

اولین جشنواره تئاتر کاخ جوانان ایران در کاخ جوانان ساری برگزار گردید. شرکت کنندگان در ایـن جشنواره عبارت بودند از کاخ اصفهان، کاخ تبریز ، کاخ جنوبی‌تهران کاخ رشت ، کاخ ساری ، کاخ غربی تهران ، کاخ کرمان و کاخ مرکزی . که بـه‌ترتیب ازتاریخ پنجشنبه ۲۵ مرداد تا اول شهریـور بمـدت ۸ شب نمایشنامه هائی‌باسامی‌قرعه‌کشی نویسنده عزت‌الله عـمادی و بکارگردانی مجید فرهمند از کاخ اصفهان . جمعه ۲۶ مرداد نمایشنامه کارمندان ، نویسنده محسن یلفانی بکار گـردانـی منصور حمیدی از کاخ تبریز شنبه ۲۷ مرداد نمایشنامه «تـا شهر هفت کیلومتر فـاصـله است » نویسنده عسگر قدس و بکارگردانی تقی دانشور از کاخ جنوبی تهران. یکشنبه۲۸ مرداد نمایشنامه عـروسکـها نویسنده بهرام بیـضائـی بکارگردانی عباس امیری از کاخ رشت . دوشنبه ۲۹ مرداد نمایشنامه کـورتاژ نـویسنده حسین معتمدی وبکارگردانی عباس امیری از کاخ رشت . دوشنبه ۲۹ مرداد‌نـمایشنامـه کورتاژ نویسنده حسین‌معتمدی وبکارگردانی حسین معتمدی از کاخ ساری . سه شنبه ۳۰ مرداد نمایشنامه موریانـه هـا نویسنده پرویـز پـرورش و بکارگردانی پرویز پرورش‌از کاخ غربی تهران . چهارشنبه ۳۱ مرداد ماه نمایشنامه نـگار بکارگردانی محمد تاج‌الدینی از کاخ کرمان و پنجشنبه اول شهریور نمایشنامه «سرپل ، ته رود خـانـه » نـویسنـده و کـارگـردان عطا ثروتی از کاخ مرکزی تهران، درتالار اجتماعات کاخ جوانان ساری بروی صحنه آمد .

مجموع شرکت کنندگان‌در این جشنواره حدود ۱۲۰ نفر بودند .

سرپل ته رودخانه /// عطا شروتی

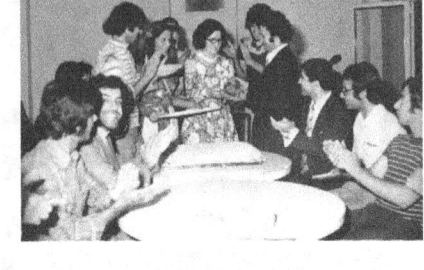

عطا شروتی /// سرپل ته رودخانه

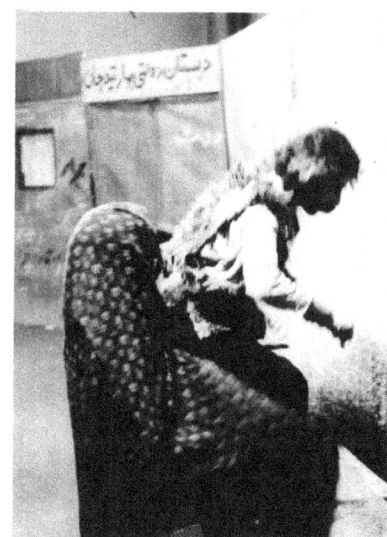